ASPECTOS BÁSICOS DEL INCIDENTE DE DESACATO

ACCESO GRATIS ***a la Lectura en la Nube***

Para visualizar el libro electrónico en la nube de lectura envíe junto a su nombre y apellidos una fotografía del código de barras situado en la contraportada del libro y otra del ticket de compra a la dirección:

ebooktirant@tirant.com

En un máximo de 72 horas laborales le enviaremos el código de acceso con sus instrucciones.

ASPECTOS BÁSICOS DEL INCIDENTE DE DESACATO

GIOVANNI ROSANÍA MENDOZA

tirant lo blanch
Bogotá D.C., 2024

En caso de erratas y actualizaciones, la Editorial Tirant lo Blanch publicará la pertinente corrección en la página web www.tirant.com.

Rosanía Mendoza, Giovanni, autor.
Aspectos básicos del incidente de desacato / Giovanni Rosanía Mendoza. – Primera edición. – Bogotá: Tirant lo Blanch, 2024.

80 páginas.
Incluye referencias bibliográficas.
ISBN: 978-84-1071-157-0

1. Desacato a los tribunales. 2. Acción de tutela. I. Título.

LC: KHH5670 CDD: 364.106 ed. 23

Catalogación en publicación de la Biblioteca Carlos Gaviria Díaz

© TIRANT LO BLANCH
EDITA: TIRANT LO BLANCH
Calle 11 # 2-16 (Bogotá D.C.)
Telf.: 4660171
Email: tlb@tirant.com
Librería virtual: www.tirant.com/co/
ISBN: 978-84-1071-157-0

Si tiene alguna queja o sugerencia, envíenos un mail a: atencioncliente@tirant.com. En caso de no ser atendida su sugerencia, por favor, lea en www.tirant.net/index.php/empresa/politicas-de-empresa nuestro procedimiento de quejas.
Responsabilidad Social Corporativa: http://www.tirant.net/Docs/RSCTirant.pdf

ÍNDICE

PRESENTACIÓN

Una de las instituciones jurídicas en Colombia denotada como instrumento procesal hacia el cumplimiento de una decisión judicial es el incidente de desacato. Al mismo tiempo, el incidente de desacato se constituye en una de las formas más asequibles para alcanzar el derecho al acceso a la administración de justicia, como quiera que este derecho no se limita a la oportunidad de acudir al poder judicial a presentar pretensiones, sino a que efectivamente se materialicen las mismas. En efecto, si bien se trata de un procedimiento accesorio, toda vez que depende de la existencia de una sentencia precedida de condiciones de legitimidad, validez, coercibilidad y ejecución, que ha producido el amparo de un derecho fundamental, el incidente de desacato está dotado de una fuerza impulsora que apremia por sus características procesales y disciplinarias.

Desde una óptica cuantitativa, el continuo ejercicio del incidente de desacato por cuenta de la ciudadanía ante la Administración de Justicia debido al alto volumen de promoción de solicitudes de tutela, que en consecuencia producen una numerosa cantidad de sentencias de tutela, y toda vez que muchas de ellas no son cumplidas por la parte obligada, visibiliza un uso intenso de este procedimiento articulatorio que refleja una tendencia cotidiana hacia la vulneración de derechos fundamentales a pesar de que la Constitución alerta la configuración de una protección de garantías esenciales dirigidas hacia la dignidad humana, individuales y colectivas, dispuestas de manera taxativa y sistemática en un sector de su contenido y de forma amplia y dispersa en otro sector de su articulado.

Dada la expectativa que se alberga en el accionante en el sentido de lograr el cumplimiento de la orden de tutela que protegió su derecho fundamental afectado, el elevado protagonismo del incidente de desacato en su uso denota un aspecto cualitativo, esto es, la confianza que se deposita en el poder judicial. Esta actitud de la sociedad creyente en el principio de separación de los poderes públicos, amerita una atención diligente, profesional y efectiva por parte del operador judicial, de manera que el incidente de desacato no puede mirarse como una simple función cotidiana que se presenta en el escenario judicial, sino que exige un despliegue técnico y exhaustivo, además de un estudio constante del mismo, inclusive por parte de todos los actores de la justicia.

Ante el panorama planteado, no es deleznable que se continúe reflexionando acerca del incidente de desacato y se insista en el intento de desglosar sobre sus características, composición, desarrollo y demás situaciones procesales que se pudieran originar en su práctica. Esta significativa motivación alienta la propuesta de este texto intencionado con una metodología didáctica y pedagógica, por lo cual se presenta como una construcción de precisos capítulos que facilitan un análisis simplificado, certero, eficaz y dinámico. En esta dirección, se han plasmado las principales nociones sustantivas y procesales que atañen al incidente de desacato, y otras posibilidades procesales en su desarrollo también se analizan.

Por las consideraciones anteriores, tratar con el incidente de desacato despierta el interés de su examen en el teórico, acicate que de contera lo conmina a detenerse en su quehacer investigativo y adelantar una actividad juiciosa y escudriñadora que facilite a que el usuario, el profesional del derecho y la comunidad jurídica en general, visualicen una adecuada comprensión de su esencia y su funcionamiento, dinámica favorecedora hacia el desarrollo positivo de la sociedad.

Después de esta antesala, finalmente nos queda formularle una sencilla invitación al lector a mirar sin prevenciones y de forma tranquila una propuesta de escritura, auspiciada con una buena intención, es decir, con un matiz contributivo, esperando en lo posible que sea de su agrado, y desearle una asimilación provechosa capaz de brindarle hacia el futuro un aporte para un mejor desempeño en su respectivo rol.

1. CARACTERÍSTICAS DEL INCIDENTE DE DESACATO

El tratadista Juan Manuel Charry Urueña describe la orden de protección cuando se ampara el derecho en la acción de tutela así: *"El pronunciamiento del juez consiste en una orden a la autoridad pública para que realice una determinada actividad o se abstenga de hacerlo, de tal modo que se garantice, en forma concreta, el derecho del titular de la acción"*[1]. A partir del incumplimiento del pronunciamiento judicial que protege al titular del derecho se comienza a construir el incidente de desacato a fallo de tutela.

La sentencia de tutela contiene precisos componentes, el derecho o los derechos que se protegen, que se hallaron vulnerados o amenazados, y la orden u órdenes para solucionar esta situación. Es decir, hallamos aspectos cuantitativos y cualitativos. Aspectos cuantitativos porque se protegen uno o más derechos y se dictan una o más órdenes a fin de garantizar las prerrogativas del accionante, y aspectos cualitativos que se refieren a la categoría o índole del amparo y a la clase o tipo de orden u órdenes.

¿Se constituye el incidente de desacato a fallo de tutela como una etapa propia, independiente, o lo contrario, es un apéndice del fallo de tutela, o en últimas es la bisagra que articula la misma acción de tutela, es decir, el incidente de desacato es el final de una actuación, el comienzo de otra, o sencillamente es el articulador entre una y otra? La Corte Constitucional nos conduce a concluir que se presenta dificultad para decidirse por determinada posición. El tribunal constitucional colombiano elucida en la sentencia de tutela T 399 de 2013 sobre el proceso de la acción de tutela que este solo culmina cuando se ha dado cumplimiento a las órdenes del juez de tutela, toda vez que según la corporación éstas buscan restituir la integridad de los derechos fundamentales vulnerados y sin su efectivo cumplimiento la acción de tutela incoada resultaría inocua.

En la sentencia T 399 de 2013 la Corte Constitucional recuerda que el artículo 86 de la Constitución Política determina que el fallo de tutela será de inmediato cumplimiento, es decir, que lo decidido en la sentencia es para que se materialice, de manera que si no se cumple de inmediato la orden dictada uno de los mecanismos de cumplimiento a que tiene acceso el accionante es el incidente de desacato a fallo de tutela.

---

1 Juan Manuel Charry Urueña, La acción de tutela, Bogotá, Editorial Temis, 1992, p. 106.

El usuario de la justicia advierte el incidente de desacato a fallo de tutela como un mecanismo de cumplimiento. En efecto, este tiene su comienzo por iniciativa de parte interesada, entonces es al amparado a quien corresponde el impulso procesal[2]. Siguiendo a la Corte Constitucional con respecto al juez de tutela, el incidente de desacato a fallo de tutela se constituye en una facultad para sancionar por ocurrir el desacato[3].

Tenemos entonces que al ser el incidente de desacato a fallo de tutela una facultad para el juez podríamos denotar este aspecto como de carácter instrumental. Sí, se trata de un instrumento para el cumplimiento del fallo cuando se verifica que no se ha cumplido la decisión contentiva en la sentencia, sin embargo, no puede operar de forma oficiosa, sino a petición de parte interesada. Empero, también podemos anotar que estamos ante una estructura que tiene el operador judicial la cual se puede desarrollar. Ahora, cuando esta estructura se desarrolla, inclusive culmina todas sus etapas, ocurre la manifestación del juez constitucional, manifestación que se produce derivada del poder disciplinario del operador judicial, aspecto disciplinario sobre el que elucida la Corte Constitucional[4].

El tribunal constitucional colombiano tiene al desacato como una medida judicial de carácter sancionatorio, pues es el juez el que declara el desacato cuando la parte renuente es escuchada y vencida[5]. Tanto tiene carácter sancionatorio el incidente de desacato, que no es susceptible del recurso de apelación, por lo cual, esta misma naturaleza sancionatoria obliga a que deba ser objeto del grado jurisdiccional de consulta, que consiste en la revisión del superior jerárquico del juez de tutela quien verifica si fue correcta la sanción impuesta al accionado y tutelado.

El tratadista Hernando Devis Echandía en su obra Compendio de Derecho Procesal Tomo III El proceso civil explica los incidentes como controversias o cuestiones accidentales o accesorias[6], con lo cual podemos ubicar de mejor forma al incidente de desacato a fallo de tutela, esto es, su posición en el aspecto procesal, es decir, que estructuralmente es un accesorio, con lo que se entiende que está ligado a algo principal, sin embargo, establecido como figura, tiene unos componentes, asunto que ventilaremos cuando abordemos sobre su trámite.

---

2 Jaime Azula Camacho, Manual de Derecho Procesal Civil, Tomo I, 5ª edición, Bogotá, Editorial Temis, 1995, p. 69.

3 Sentencia T 459 de 2003 de la Corte Constitucional.

4 Sentencia T 399 de 2013 de la Corte Constitucional.

5 Manuel Fernando Quinche Ramírez, Vías de hecho Acción de tutela contra providencia, 8ª edición, Bogotá, Editorial Temis, 2013, p. 66.

6 Hernando Devis Echandía, Compendio de Derecho Procesal tomo III El proceso civil, 3ª edición, Bogotá, Editorial ABC, 1977, p. 127.

La naturaleza accesoria del incidente de desacato es expuesta en la sentencia de constitucionalidad C 367 de 2014. En forma clara expresa la Corte Constitucional tal condición señalando la calidad de instrumento accesorio que tiene el propósito de hacer cumplir el fallo de tutela, que en efecto lo puede propiciar, pero que no garantiza que ello ocurra. Aún más, la corporación en la misma enunciada sentencia explica que el incidente de desacato a un fallo de tutela es un incidente especial, especialidad que según la alta corte viene dada por lo que está en juego en la sentencia de tutela, es decir, amparar un derecho fundamental que ha sido vulnerado o sobre el cual se cierne una amenaza.

Como anotamos, la Corte Constitucional denota un incidente especial, explicando que se trata de un procedimiento especial, diferente por su naturaleza al que se encuentra previsto en el Código de Procedimiento Penal. No obstante, sobre el aspecto penal la corporación aclara que la inaplicación del procedimiento penal a efecto de imponer la sanción por el desacato a la orden del fallo de tutela no vulnera el derecho fundamental al debido proceso consagrado en el artículo 29 de la Constitución Política, pues la sanción que resulta del incidente de desacato es una sanción disciplinaria[7]. A esto añade el tribunal constitucional que la sanción que impone el juez de tutela por desacato por cumplir una orden proferida, sea en el trámite de la acción o en el fallo, es una sanción de carácter correccional, que por tal naturaleza se distingue de las sanciones penales. Todavía más, la sanción penal se concibe como un rechazo a un comportamiento indebido, y que en consecuencia es castigable[8].

También el incidente de desacato es distinto al incidente ubicado en el procedimiento civil. En el Código General del Proceso, artículo 44, se incluyen los poderes correccionales del juez quien podrá sancionar por arresto inconmutable hasta por cinco y quince días cuando le falten el debido respeto en el ejercicio de sus funciones o por razón de ellas, y cuando se impida u obstaculice la realización de cualquier audiencia o diligencia.

Otras medidas correccionales con las cuales se faculta al juez en el ordenamiento procesal civil son sanciones con multas, expulsión de las audiencias y diligencias a quienes perturben su curso, devolución de escritos irrespetuosos contra los funcionarios, partes o terceros, pero en todo caso, todas estas medidas correccionales enunciadas y que pertenecen al rito procesal civil se tramitan por un procedimiento diferente, como es el contemplado en el artículo 59 de la Ley Estatutaria de la Administración de Justicia, y contra su resolución solo procede el recurso de re-

---

7 Sentencia C 092 de 1997 de la Corte Constitucional.

8 Alfonso Reyes Echandía, Derecho Penal parte general, 7ª edición, Bogotá, Universidad Externado de Colombia, 1980, pp. 77,78.

posición, mientras que frente a la declaración de desacato no se admiten recursos, sino que opera el grado de consulta.

Sobre este mismo aspecto del incidente de desacato, es decir, visto como un procedimiento especial, agregaríamos su estructura propia, dado que no requiere para su desarrollo de articularse con otros preceptos legales o dirigirse a otros estatutos a través de remisiones, lo que explica la Corte Constitucional en la sentencia T-554 de 1996 en el sentido de que no hay necesidad de acudir a otros textos normativos para llenar vacíos, ni siquiera a los principios generales del sistema incidental del orden procesal civil lo que en nuestra consideración asegura expresar que su estructura o composición es completa. La corporación precisa de otra forma señalando que la disposición es suficiente o completa porque regula íntegramente la materia. Aún más, la Corte Constitucional ha explicado sobre la configuración prevista en el artículo 52 del decreto 2591 de 1991 que en ese texto legal se ha dispuesto toda la estructura procesal de la actuación que debe surtirse para declarar que una persona ha incurrido en desacato y la imposición de la correspondiente sanción, para lo cual determina además como instrumento un incidente, el juez competente y el mecanismo para revisar y controlar la decisión que sanciona[9].

La Corte Constitucional en la sentencia de tutela T 527 de 2012 fija que el incidente de desacato surge como instrumento procesal el cual da plena garantía al derecho constitucional de acceso a la administración de justicia del accionante que a su vez orienta hacia la materialización de la decisión judicial en sede de tutela, toda vez que no es suficiente que las personas logren la protección de sus derechos fundamentales por la vía de la acción de tutela, sino que además se debe proveer de los mecanismos que hagan efectiva la orden proferida por el juez de tutela.

Sobre el acceso a la administración de justicia que se manifiesta en torno al incidente de desacato a fallo de tutela es oportuno traer la reflexión que hace el profesor Jaime Augusto Correa Medina al sostener que al juez le compete concretar en el plano real la decisión, anotando además sobre la prolongación de la inmediación, por lo que articula sobre el fallo de tutela la ejecutabilidad de la decisión como parte del deber del juez, al que se agrega lo que llama, citando la sentencia de tutela T 185 de 2013, el ingrediente de colaboración de la parte en cuyo favor se profirió la decisión[10].

Visto que el incidente de desacato se desempeña como un mecanismo al alcance del accionante para el cumplimiento de la sentencia de tutela, permite la reali-

---

9 Sentencia T 399 de 2013 de la Corte Constitucional.

10 Jaime Augusto Correa Medina, Deberes del juez de tutela y el cumplimiento de sus decisiones, en Aspectos procesales de la acción de tutela, Ramiro Bejarano Guzmán y otros, Bogotá, Universidad Externado de Colombia, 2017, p. 398.

zación de un funcionamiento público, y siguiendo al maestro Luis Carlos Sáchica, cuando el Estado cumple sus funciones entra en marcha y pasa de su estática a convertirse en empresa de servicio[11]. En efecto, desde lo sustantivo, el acceso a la administración de justicia es un derecho que garantiza la Constitución Política en su artículo 229, sin embargo, este derecho debe tener un trazado para que efectivamente se materialice, es decir, debe funcionar el servicio público que está en manos de la administración de justicia. En este sentido, la Corte Constitucional enseña el acceso a la administración de justicia como la posibilidad de cualquier persona de solicitar a los jueces competentes la protección o el restablecimiento de los derechos que consagran la Constitución y la ley[12].

El trazado que advertimos del derecho al acceso a la administración de justicia debe concluir en el material cumplimiento del amparo a la prerrogativa violada o amenazada. En esta dirección es de recibo anotar que el tribunal constitucional colombiano ahonda en el derecho de acceder a la justicia y precisa que este implica para ser real y efectivo al menos tres obligaciones, las que describe así: "... *la obligación de no hacer del Estado (deber de respeto del derecho), en el sentido de abstenerse de adoptar medidas que tengan por resultado impedir o dificultar el acceso a la justicia o su realización y de evitar tomar medidas discriminatorias respecto de este acceso; la obligación de hacer del Estado (deber de protección del derecho), en el sentido de adoptar medidas para impedir que terceros interfieran u obstaculicen el acceso a la administración de justicia del titular del derecho; y la obligación de hacer del Estado (deber de realización del derecho), en el sentido de facilitar las condiciones para el disfrute del derecho y hacer efectivo su goce*"[13].

La Corte Constitucional ha sido específica sobre el acceso a la justicia. La corporación, entre otras elucidaciones, ha fijado sobre el acceso a la justicia que este no se agota en la posibilidad de acudir ante la administración de justicia para plantear un problema jurídico, ni en su resolución, sino que este implica también que se cumpla lo ordenado por el operador judicial de manera efectiva y que se restablezcan los derechos lesionados. Enfatiza el tribunal constitucional que por la relevancia del cumplimiento de las providencias judiciales, esto como manifestación hacia el derecho fundamental de acceder a la justicia, ese tribunal lo ha amparado de manera excepcional entendiendo que la administración de justicia además de expresarse en el respeto a las garantías establecidas en el desarrollo de un proceso, se manifiesta en el hecho de que las decisiones que se tomen dentro del

---

11 Luis Carlos Sáchica, Derecho Constitucional General, Biblioteca Jurídica Diké, Medellín, 1990. p. 103.

12 Sentencia C 037 de 1996 de la Corte Constitucional.

13 Sentencia C 367 de 2014 de la Corte Constitucional.

mismo tengan eficacia en el mundo jurídico y la que pone fin al proceso produzca todos los efectos para la cual fue destinada[14].

La línea jurisprudencial se vuelve más delgada. Efectivamente, la Corte Constitucional señala sobre el cumplimiento de las providencias que incumplirlas desconoce la prevalencia del orden constitucional y la realización de los fines del Estado, asimismo, esto vulnera los principios de confianza legítima, de buena fe, de seguridad jurídica y de cosa juzgada, porque además se da al traste con la convicción legítima y justificada que tiene una persona cuando acude ante la administración de justicia, toda vez que esta espera una decisión conforme con el derecho y que sea acatada por las autoridades o por los particulares[15].

Examinar el incidente de desacato desde los aspectos ontológico y teleológico permite orientar aún más su utilización como instrumento para el acceso a la justicia. En tal sentido, en la sentencia de tutela T 074 de 2012 la Corte Constitucional explica que entre los objetivos del incidente de desacato no solo está el de sancionar el incumplimiento del fallo de tutela por parte de la autoridad responsable, sino que es determinante la corporación al referirse a lo que considera el principal propósito de este instrumento de orden procesal legal, el que para el tribunal constitucional es conseguir que el obligado cumpla con la orden que se impuso en la decisión de amparo, y por ende, en la protección de los derechos fundamentales de quien acudió a la administración de justicia a invocar tales derechos. En este caso, comprendiendo a la Corte Constitucional, tenemos que al usuario se le permite acudir a un instrumento de acceso a la justicia, al servidor judicial le corresponde tramitar el incidente de desacato asumiendo una actitud que lo ubica como dispensador de justicia, y al accionado se le persuade para que cumpla la orden y se evite una sanción, con lo que de paso se configura el acato a la sentencia.

Si bien el incidente de desacato entroniza el acceso a la justicia para el accionante, tal acceso no solo atiende las prerrogativas de este a efecto de que se realice el cumplimiento de lo ordenado dentro de la acción constitucional de tutela, sino que se deben respetar las garantías del debido proceso y el derecho de defensa de quien se afirma ha incumplido con la sentencia del operador judicial. Al respecto, la citada sentencia de tutela T 074 de 2012 expone que no se puede imponer la sanción cuando la orden impartida por el juez de tutela no ha sido precisa, evento que según la Corte Constitucional puede ocurrir cuando no se determine quién debe cumplirla o cuando su contenido es difuso. Otra situación para no imponer la sanción sucede de acuerdo con el tribunal constitucional cuando el obligado de buena fe quiere cumplir la orden que se ha producido en el fallo, pero no se

---

14 Sentencia C 037 de 1996 de la Corte Constitucional.

15 Sentencia C 037 de 1996 de la Corte Constitucional.

le ha dado la oportunidad de hacerlo. Otro suceso para no sancionar prevé la anunciada sentencia de tutela T 074 de 2012, esto es, cuando el obligado ha dado cumplimiento al mandato constitucional, pero posteriormente surge un hecho nuevo que imposibilita continuar con la orden judicial a pesar de su buena fe en el acatamiento de la misma.

El incidente de desacato tiene una naturaleza de orden legal, no obstante, se encuentra ligado con un origen remoto que es de carácter constitucional toda vez que se trata de un mecanismo para el cumplimiento del fallo de tutela, decisión que es dictada por la jurisdicción constitucional, esto es, los órganos judiciales habilitados por el constituyente y el legislador para atender y resolver las acciones constitucionales. En tal sentido, la Corte Constitucional denota sobre la autoridad que produce la sentencia de tutela. Al respecto, la corporación estructura que la orden es proferida en sede constitucional, esto es, por servidores judiciales que en tal evento se convierten en jueces constitucionales, de manera que siendo jueces constitucionales sus fallos son entintados con el sello de la jurisdicción constitucional, jurisdicción que está enmarcada en la Carta y revestida de un ámbito propio, tanto que esta jurisdicción cuenta con un tribunal constitucional al que por orden del artículo 241 superior se le encarga la guarda de la integridad y supremacía de la Constitución, de forma que en los precisos términos del canon supralegal en su numeral 9 deberá revisar, y en la forma que determine la ley, las decisiones judiciales relacionadas con la acción de tutela de los derechos constitucionales[16].

En la sentencia de tutela T 1.113 de 2005 podemos hallar sobre la dinámica del incidente de desacato. El tribunal constitucional colombiano lo identifica como una de las maneras más extremas para lograr el cumplimiento de la sentencia de tutela. La Corte Constitucional es exhortativa al señalar que no puede quedarse inerme el juez frente al incumplimiento de una orden contenida en un fallo de tutela, sino que está en la obligación, que denomina ineludible, de actuar, de agotar todos los mecanismos que sean necesarios, esto es, para restablecer el derecho violado, y de utilizar las herramientas jurídicas que la ley le confiere para que a su vez su decisión no quede en mera teoría.

Es tan notable esta inclinación que la corporación sostiene que el poder del juez es tal que la ley dispone la permanencia de la competencia hasta tanto no se logre el restablecimiento completo del derecho vulnerado o que hayan sido eliminadas las causas de la amenaza. Este mismo poder que advierte la Corte Constitucional le permite al juez proferir órdenes adicionales a las que originalmente ha impartido, de acuerdo con la citada sentencia de constitucionalidad C 1.113 de 2005. Sin embargo, la dinámica descrita tiene sus límites. Tomando en cuenta

---

16 Sentencia T 188 de 2002 de la Corte Constitucional.

la sentencia de tutela T 368 de 2005 y el auto 118 de 2005 el tribunal constitucional aclara en la citada sentencia de constitucionalidad C 1.113 de 2005 que el juez en el incidente de desacato no puede modificar el contenido sustancial de la orden que se ha proferido en la sentencia de tutela o redefinir los alcances de la protección concedida. La alta corte admite como única excepción a la enunciada subregla que la orden proferida sea de imposible cumplimiento o que se demuestre su absoluta ineficacia para proteger el derecho fundamental amparado, inclusive enfatiza: "*... el juez del desacato no puede cuestionar la decisión de proteger el derecho ni el contenido sustancial de las órdenes o remedios adoptados*".

Otro análisis surge del incidente de desacato. En la sentencia de constitucionalidad mencionada, C 1.113 de 2005, la Corte Constitucional halla que el derecho a la tutela efectiva y al debido proceso, sumados al principio de seguridad jurídica, producen que la orden emitida por el juez de tutela, cuando esta queda en firme, haga tránsito a cosa juzgada, lo cual impone que la decisión deba ser cumplida, de acuerdo con la corporación, en los términos en los cuales fue expedida.

Para comprender sobre la ejecutoria y la cosa juzgada en conexión con el incidente de desacato conviene observar el análisis realizado por la Corte Constitucional en la sentencia de constitucionalidad C 641 de 2002. Antes de arribar a la cosa juzgada la corporación aclara sobre la ejecutoria. La alta corte explica que la ejecutoria consiste en una característica de los efectos jurídicos de las providencias judiciales, efectos que se reconocen por la imperatividad y obligatoriedad que estas imponen.

¿Cuándo se configura la imperatividad y la obligatoriedad de la determinación según el tribunal constitucional? Precisa la Corte Constitucional cuatro situaciones: cuando frente a la determinación no procede recurso alguno; cuando se omite su interposición dentro del término legal previsto; cuando una vez interpuestos se hayan decidido; y cuando su titular renuncia expresamente a los recursos. Agrega la alta corte sobre la imperatividad y la obligatoriedad que estas son propias de las sentencias y providencias ejecutoriadas. ¿Hacia dónde conecta la corporación? El vértice que se halla en la citada sentencia C 641 de 2002 es que por regla general toda providencia ejecutoriada obliga a los sujetos procesales y está llamada a cumplirse voluntaria o coactivamente.

En el fallo enunciado la Corte Constitucional elabora sobre la cosa juzgada. En tal dirección puntualiza que esta se encuentra destinada a conferirle a las sentencias y a las providencias judiciales el carácter de definitivas, inmutables y vinculantes. Definidas estas esferas, es decir, la de la ejecutoriedad y la cosa juzgada, y siguiendo el desarrollo doctrinal constitucional, se puede ligar que existirán escenarios en relación con el incidente de desacato en donde estaremos en frente de una providencia solamente ejecutoriada y otros en donde apreciaremos la estructuración de la cosa juzgada sobre la providencia judicial. Estos escenarios se pueden constituir en relación con fallos sancionatorios que deben ser sometidos al grado de consulta, en este caso se configurará la ejecutoria de la decisión y cuando se resuelva el grado de consulta aparecerá la cosa juzgada. Con respecto a decisiones como la inejecución de la sanción, que ocurre por haberse cumplido la orden del juez constitucional después de haberse sancionado al accionado por incumplimiento, o la revocatoria de la sanción que sucede cuando el juez advierte que se había cumplido la orden del operador judicial antes de haberse sancionado, nos hallaríamos ante el ámbito de la cosa juzgada.

Visualizada la conexión en torno a la ejecutoria, la cosa juzgada y el incidente de desacato, volvemos a la sentencia de tutela T 1.113 de 2005 por cuanto en esta providencia la Corte Constitucional precisa la imposibilidad de que el juez vuelva a abrir el debate sobre la cuestión de fondo que originalmente fue definida, y la ausencia de autorización para cambiar el alcance o contenido sustancial de las órdenes proferidas en la sentencia de tutela. En efecto, la alta corte es determinante al señalar que durante el incidente de desacato las actuaciones que emanen del juez constitucional se encuentran circunscritas a las órdenes cuyo incumplimiento se denuncia.

Sin embargo, en la misma decisión referida el tribunal constitucional colombiano aclara que se pueden introducir ajustes a la orden original impartida en las exclusivas circunstancias que ha sintetizado esa corporación a efecto de que se respete el alcance de la protección y el principio de cosa juzgada. Entre tales circunstancias se enlistan la necesidad de modificar la orden en sus aspectos accidentales porque la orden original nunca garantizó el goce efectivo del derecho fundamental tutelado o porque si lo hizo en un comienzo después devino inane porque implica afectar en forma grave, directa, cierta, manifiesta e inminente el interés público, o porque lo ordenado evidentemente es de imposible cumplimiento; cuando se deban alterar las condiciones de tiempo, modo y lugar para alcanzar la finalidad de lograr el cumplimiento de la decisión; cuando la nueva orden que se profiera busque la menor reducción posible de la protección concedida y se compense dicha reducción de manera inmediata y eficaz; y en general, se justifica una nueva orden para asegurar el goce efectivo del derecho fundamental amparado.

La Corte Constitucional señala sobre el poder que tiene el juez de tutela para hacer cumplir sus fallos que difiere del poder que tiene este operador judicial para imponer una sanción por desacato[17]. Es notable, como regularmente ocurre con las decisiones del tribunal constitucional, la jerarquía en su determinación, aspecto que nos recuerda que es a ella a quien se le ha encargado por el constituyente

17 Sentencia T 459 de 2003 de la Corte Constitucional.

la guarda de la integridad y supremacía de la Constitución. En efecto, sobre esta tarea la corporación ha definido que es esa corte la suprema autoridad o intérprete supremo de la Carta[18] Sin embargo, en la sentencia de constitucionalidad C 131 de 1993 el alto tribunal había dilucidado que la Corte Constitucional es para un juez fuente obligatoria, precisión expuesta también en la sentencia de tutela T 123 de 1995. Aún más, en la sentencia de tutela T 260 de 1995 se pronunció la máxima jerarca de la jurisdicción constitucional señalando que las pautas doctrinales trazadas por la Corte indican a todos los jueces el sentido y los alcances de la normatividad fundamental y que a ellas deben atenerse.

Si bien se vislumbra una jerarquía y un orden superior en la sentencia de tutela que impele a que su cumplimiento se deba materializar dentro de una estructura de exigibilidad y de apremio, la Corte Constitucional diferencia en torno al incidente de desacato en el sentido que advierte sobre este los mecanismos ágiles, eficaces y oportunos al alcance del juez de tutela para coaccionar u obligar a la autoridad o persona que violó o desconoció un derecho fundamental y que es destinatario de una orden para que se cumpla con lo dispuesto por el funcionario judicial y se restablezca en los términos fijados por ese operador judicial el derecho violado o amenazado[19]

No obstante que la corporación enseña acerca de la dotación que contiene el incidente de desacato, avisa que no se puede olvidar la observancia del debido proceso durante el trámite incidental. Entre otras garantías el operador judicial debe comunicar sobre la iniciación del mismo, dar la oportunidad para presentar las razones del incumplimiento de la orden del juez constitucional, y en general, permitir su defensa, practicar las pruebas que le soliciten y las que considere conducentes, notificar la decisión y en caso de decretar el desacato remitir el expediente en consulta al superior.

En la sentencia de tutela T 088 de 1999 la Corte Constitucional trató otro aspecto del incidente de desacato que denominó objeto jurídico. En esta ocasión el tribunal constitucional visualiza este tópico y halla su ubicación. La corporación en este caso tiene al incidente de desacato a fallo de tutela como una oportunidad que dispone el sistema jurídico. Es la oportunidad de una vía procesal y específica que permite que los fallos de tutela se cumplan y que puede provocar en caso de tal incumplimiento la aplicación de sanciones a los responsables, sanciones que pueden ser pecuniarias o privativas de la libertad de conformidad con los artículos 52 y 53 del decreto 2591 de 1991.

---

18 Sentencia C 083 de 1995 de la Corte Constitucional.

19 Sentencia T 459 de 2003.

Lo hallado por la alta corte es un marco teórico, normativo, especial, de orden procesal, que se constituye en un vínculo, y en este caso hacia la justicia, para que se cumplan las decisiones dictadas en la sentencia de tutela. Si tales pronunciamientos no son obedecidos, lo cual no solamente incluye, siguiendo la sentencia de tutela T 766 de 1998, la desatención, burla o incumplimiento de las órdenes del juez constitucional, sino cualquier desobediencia a otras decisiones adoptadas en el curso del proceso, así como las dispuestas en los casos de hecho superado, la articulación que encuentra el tribunal constitucional se constituirá en herramienta legal, válida y eficaz para que en efecto se cumplan las órdenes proferidas por el operador de la jurisdicción constitucional.

En adelante en la sentencia de tutela T 088 de 1999 la Corte Constitucional se desplaza de lo teórico, de la posibilidad, expectativa u oportunidad, y vislumbra que algo se desarrolla cuando alguien alega ante el juez competente que lo ordenado por la autoridad judicial, juez de tutela, con miras al amparo de los derechos fundamentales, no se ha ejecutado de manera completa o se ha tergiversado la decisión del fallador. En efecto, lo desarrollado es producto de un trámite cumplido ante la solicitud de tutela, que un individuo pone en conocimiento de la justicia a fin de que esta dé aplicación a lo insertado de forma teórica en un canon legal, es decir, se activa la jurisdicción[20]. Se presentan en consecuencia, dos tendencias temporales, pasado y futuro, dos objetos, un objeto encerrado en una preceptiva legal, y otro que es perseguido por un interesado beneficiado con un amparo constitucional.

Ante el objeto del incidente de desacato según el legislador y el objeto sobre el mismo por parte del afectado, en donde se advierte la articulación entre lo teórico y lo funcional, es de recibo considerar la sentencia de tutela 533 de 2003. En esta sentencia la Corte Constitucional enseña que no cabe una vía de carácter judicial distinta, cuando se incumple un fallo de tutela, ni siquiera una nueva acción de tutela, la que además sería improcedente según la corporación, toda vez que admitir un nuevo juicio de amparo es volver a verificar aquellos hechos que constituyeron en su momento el motivo de la decisión, que fue plasmado, y que además conduciría a reabrir un debate ya concluido, que de paso afectaría el principio de la cosa juzgada, que a su vez hace que la decisión se torne inmutable y definitiva, dado que se trataría de la cosa juzgada constitucional, institución distinta a la cosa juzgada en la jurisdicción ordinaria, aspecto que aclara la Corte Constitucional en la sentencia de unificación SU 1219 de 2001. La corte de cierre señala sobre el primer caso que generalmente se admite la procedencia de la acción de tutela por vías de hecho, mientras que acerca del segundo evento la alta corte precisa que por

20 Hernando Morales Molina, Curso de derecho procesal civil parte general, 11a edición, Editorial ABC, Bogotá, 1991, p. 19.

tratarse de un proceso judicial constitucional, en donde se persigue la protección de derechos fundamentales y la observancia plena del orden constitucional, la oportunidad para alegar la existencia de vías de hecho en los fallos de tutela es hasta la finalización del término de insistencia de los magistrados y del Defensor del Pueblo respecto de las sentencias no seleccionadas. Es de recordar que el concepto vía de hecho fue reemplazado por causales genéricas de procedibilidad en la sentencia de tutela T 949 de 2003.

Siguiendo los aspectos descritos, se desprende que los hechos tienen un sentido de correspondencia, esto es, unos pertenecen a la solicitud de tutela, y otros al incidente de desacato. En efecto, en la solicitud de tutela los hechos presentados son los que sostienen la queja sobre la violación o amenaza de derechos fundamentales. En el incidente de desacato los hechos que se comunican son los hechos que anuncian sobre el incumplimiento de un fallo de tutela. En este sentido es de recibo ubicar que unos hechos se relacionan con una actuación precisa y con un objeto a su vez determinado, además que se trata de pretensiones distintas. En consecuencia, es claro que la solicitud de tutela tiene un objeto y al incidente de desacato le pertenece otro. Así, hay que dilucidar si los hechos corresponden a situaciones nuevas totalmente desconectadas con el fallo de tutela o si se deben ligar al incidente de desacato que se desprende del incumplimiento de la sentencia de tutela, es decir, debe distinguirse si se trata de nuevos hechos que serían objeto de una nueva solicitud de tutela o de hechos concluyentes hacia el incidente de desacato a fallo de tutela.

Equivocar cualquiera de las rutas procesales presentadas desnaturalizaría el incidente de desacato, toda vez que este solo tiene que estar ligado al fallo original de tutela, de manera que actuar hacia otra dirección lo desarticularía o inclusive lo descontextualizaría, es decir, sería tomar una amplia distancia de su objeto, que como se ha denotado es de carácter instrumental para el cumplimiento de una resolución judicial, en este caso, una sentencia dictada dentro de una jurisdicción constitucional, de ahí que el tribunal constitucional precise que en el incidente de desacato las actuaciones del juez de tutela están circunscritas a las órdenes cuyo incumplimiento se denuncia[21].

Después de plantear las anteriores direcciones, surge la tarea hacia comprender cómo descubrir la visualización precisa, esto es, tener claro si los hechos realmente pertenecen al incidente de desacato y siendo así, ubicarnos en el objeto del mismo. Al respecto, es menester advertir el marco teórico establecido por el legislador, la preceptiva legal, elemento que se mantiene estático, y relacionarlo con un relevante que contiene un movimiento, esto es, la actitud del accionado frente al amparo reconocido y la orden dispuesta por el juez constitucional. En tal caso el amparado

---

[21] Sentencia T 1.113 de 2005 de la Corte Constitucional.

debe ubicarse en la protección decretada, que se refiere al derecho vulnerado o amenazado, y la orden dictada a consecuencia del amparo y si la acción u omisión del accionado se relaciona con tal orden, o si los hechos en los que incurre ese accionado configuran otro escenario. Si la actitud del accionado se llegare a conectar con el amparo y la orden, el accionante invocará el objeto del incidente de desacato, activará este instrumento legal, que en principio se halla quieto, a fin de ser aplicado a consecuencia de una conducta desobediente del accionado hacia la sentencia de tutela, acto judicial que es coercitivo en esencia y que por lo mismo no acepta que el mismo se desconozca.

Por otra parte, al operador judicial también le corresponde enlazar la preceptiva legal que consagra la apertura del incidente de desacato, desglosar la postulación del accionante, esto es, la aplicación de la configuración legal, y examinar la conducta del accionado. De acuerdo con lo anotado, el juez constitucional transita sobre el objeto del incidente de desacato, las razones del accionante y averigua acerca de la responsabilidad subjetiva del accionado, porque además esta no se puede presumir. En consecuencia, el objeto del incidente de desacato se desplaza, toda vez que se denota el marco teórico, esto es, la estructura plasmada en la preceptiva legal, que es a cargo del legislador quien ejercita la facultad en atención al principio de configuración. Desde un sentido instrumental el accionante hace uso de la preceptiva legal, y pone en funcionamiento a la Administración de Justicia, como poder público que obliga[22] y desde un punto de vista operativo el servidor judicial es impelido a aparecer en la escena y entra a dinamizar teniendo en cuenta un mandato legal, un fallo de tutela y una cuestión fáctica que le informa el accionante, quien además manifiesta su inconformidad porque no se ha cumplido una decisión que profirió un juez que en tal caso es representante de la justicia constitucional.

En el incidente de desacato se encuentran los mismos actores, el accionante, el accionado y el operador judicial, que han participado dentro de la acción de tutela finalizada con la sentencia. Sin embargo, en esta ocasión los actores se perfilarán hacia otro objeto. El accionante ya no necesita demostrar que se ha vulnerado o amenazado el derecho fundamental. Además, cuando presenta la solicitud de tutela, el accionante cuenta a su favor con unas presunciones de buena fe, tanto que la preceptiva reguladora de la acción de tutela, decreto 2591 de 1991, en su artículo 20 prevé la consecuencia en contra del accionado cuando el informe requerido por el juez constitucional al asumir el conocimiento no fuere rendido: se tendrán por ciertos los hechos y se entrará a resolver de plano, salvo que el juez estime necesario realizar otra averiguación previa. No obstante, como ocurre con toda decisión, la

22 Wilson Herrera Llanos, Derecho constitucional colombiano, parte dogmática, territorio y población, Barranquilla, Ediciones Uninorte, 2004, p. 135.

sentencia de tutela debe ser proferida con el correspondiente sostenimiento probatorio, porque también en la acción de tutela se verifica el principio de la necesidad de la prueba[23], además que la sentencia cuenta con una noción categórica, por eso es importante anotar la conclusión de Socorro Vásquez Posada sobre ella, esto es, la expresión máxima de la función judicial[24].

En la acción de tutela, también el accionado vislumbra su objetivo. Debe remontar la presunción de buena fe a favor del accionante. Sin embargo, cuando se le ponga en conocimiento la solicitud de tutela del accionante cuenta con la posibilidad de tener libertad para probar la premisa opuesta a la de este, es decir, que no se ha vulnerado o amenazado el derecho fundamental cuya protección postula el accionante[25]

Por su parte, al operador judicial le corresponde examinar lo previsto por el legislador, las presunciones de veracidad a favor del accionante, pero también debe pesar la manera como el accionado ha intentado quebrantar tales presunciones. En este sentido, el juez constitucional cotejará entre presunciones y pruebas.

Como se anotó, en el incidente de desacato el accionante no necesita demostrar que se llegó a vulnerar o a amenazar el derecho fundamental. Sin embargo, ahora este anuncia al operador judicial que no solo se presentó un pasado, sino que el presente muestra que aún ese derecho fundamental se haya vulnerado o amenazado a pesar de que se ha producido un amparo y una orden. Esta vez el accionante no cuenta con una presunción de veracidad expresada ampliamente como se halla en el artículo 20 del decreto 2591 de 1991. En esta ocasión el objeto del incidente será comprobar si en efecto no se ha obedecido lo ordenado en una sentencia de tutela, no obstante, se debe averiguar sobre la actitud del accionado frente a la decisión judicial constitucional.

En el accionado el objeto en el incidente de desacato varía cuando se vincula inicialmente a la solicitud de tutela. En efecto, cuando se le da traslado de la solicitud de tutela el accionado concurre a desvirtuar que no ha violado o amenazado el derecho fundamental invocado por el accionante y que considera ha sido violado o amenazado. La participación del accionado en el incidente de desacato

---

23 Fredy Hernando Toscano López, Las presunciones judiciales en la acción de tutela, en Aspectos procesales de la acción de tutela, Ramiro Bejarano Guzmán y otros, Bogotá, Universidad Externado de Colombia, 2017, p. 203.

24 Socorro Vásquez Posada, El argumento judicial, 4ª. Ed., Librería Jurídica Sánchez, Medellín, 2010, p. 9.

25 Fredy Hernando Toscano López, Las presunciones judiciales en la acción de tutela, en Aspectos procesales de la acción de tutela, Ramiro Bejarano Guzmán y otros, Bogotá, Universidad Externado de Colombia, 2017, p. 204.

se dirige a comunicarle y probarle a la administración de justicia que el fallo de tutela ha sido acatado, esto es, la orden ha sido cumplida completamente dentro de las circunstancias de modo, tiempo y lugar, de manera que en tal caso no solo no se halla vulnerando un derecho o amenazándolo, sino que además no ha tenido un comportamiento contrario a lo dispuesto por un poder público que controla, es decir, ha obedecido una providencia judicial, inclusive de un carácter supremo toda vez que ha emanado de un juez constitucional.

Es apreciable el objeto común previsto por el legislador en el incidente de desacato. En efecto, la legislación previó el acceso común a la administración de justicia frente al incidente de desacato. En este caso el acceso efectivo al sistema judicial, las garantías judiciales y la decisión en el plazo razonable, se encuentran al alcance de accionante y accionado. Observar este orden, permitirá que se logre verificar si efectivamente se ha cumplido el fallo de tutela. Así, el juez constitucional deberá constatar la decisión proferida en la sentencia y la legitimidad activa y la legitimidad pasiva para poder intervenir en el incidente de desacato y permitir a los legitimados sostener la información allegada al operador judicial.

Atender el objeto común de acceso a la administración judicial requerirá en consecuencia de un acertado y técnico método que permita distinguir si el destinatario de la orden la cumplió de forma oportuna y completa, a quién estaba dirigida la orden, el término otorgado para ejecutarla y el alcance de la misma[26]. A fin de lograr tales objetivos de verificación es de recibo recordar que la Corte Constitucional fija como deber del juez constitucional cuando conoce de un incumplimiento a fallo de tutela identificar precisas etapas: comunicar al incumplido sobre la iniciación del incidente de desacato, a efecto de darle la oportunidad para que informe las razones por las cuales no ha cumplido la orden dictada en la sentencia y presente todos los argumentos de defensa; practicar las pruebas que soliciten el accionante y el accionado, así como las que considere conducentes y pertinentes para adoptar la decisión; notificar la providencia que resuelva; y remitir el expediente en consulta al superior[27].

La metodología descrita conduce además a otros dos tipos de objeto. En principio, lo inmediato es conocer si en efecto se ha incumplido la orden decretada en la sentencia de tutela. Sin embargo, el objeto mediato será conocer las razones del incumplimiento a la decisión del juez constitucional.

Siguiendo el trayecto descrito, el operador judicial se encontrará en el escenario del deber de establecer las medidas para proteger el derecho efectivamente,

---

26 Sentencia T 343 de 2011 de la Corte Constitucional.

27 Sentencia T 123 de 2010 de la Corte Constitucional.

sin embargo, le compete también averiguar si existió responsabilidad subjetiva del accionado[28]. Resulta tanto así, es decir, la responsabilidad de preservar el derecho afectado, que el juez constitucional es facultado excepcionalmente para introducir órdenes adicionales a las que inicialmente impartió o realizar ajustes a la orden judicial cuando se advierte que la orden es imposible de cumplir o se demuestre que la misma es absolutamente ineficaz para la protección del derecho que se ha amparado, pero teniendo en cuenta igualmente el debido proceso que le corresponde al accionado.

28 Sentencias T-553 de 2002, T-368 de 2005 y T-1.113 de 2005 de la Corte Constitucional.

2. LA DIFERENCIA ENTRE EL INCIDENTE DE DESACATO Y EL CUMPLIMIENTO DEL FALLO

El rol o el papel del juez constitucional frente al cumplimiento del fallo de tutela y al incidente de desacato a esa decisión avisa en principio la distinción entre estos institutos jurídicos. En este sentido es preciso ubicar la estructura jurídica dentro de la cual el juez constitucional se desempeña.

Quinche Ramírez se refiere a la definición de Gozaini sobre la jurisdicción constitucional: "La jurisdicción constitucional es el estudio del órgano judicial encargado de tutelar la vigencia efectiva de los derechos humanos (como norma fundamental), la supremacía constitucional y el cumplimiento de las pautas mínimas que regulan los procedimientos constitucionales"[29]. Juan Manuel Charry Urueña anota que la jurisdicción constitucional hace control constitucional cuando estamos ante una especialización orgánica y funcional que actúa según un sistema concentrado, agregando la labor de la justicia ordinaria en un sistema difuso[30].

La Corte Constitucional descubre un marco jurídico sobre el cual realiza algunas elaboraciones. En la sentencia de unificación SU 1.158 de 2003 la corporación identifica una estructura jurídica: la jurisdicción constitucional funcional.

La enunciada sentencia de unificación SU 1.1.58 de 2003 tiene a la jurisdicción constitucional funcional como aquella instituida para asegurar el respeto de las normas básicas de carácter constitucional, es decir, las orgánicas, las dogmáticas y las tendientes a la convivencia pacífica y a la garantía de los derechos fundamentales.

Si tenemos en cuenta los tratadistas enunciados y lo que denota la Corte Constitucional hallamos un sistema judicial que debe observar la supremacía de la Constitución en su configuración orgánica y dogmática, mediante dos controles, el difuso y el concentrado, y que efectivamente desarrolla una función inclinada a la protección de derechos fundamentales. Se comprende en consecuencia la reflexión del tribunal constitucional en el sentido de que la función constitucional

---

29 Osvaldo Gozaini, Introducción al derecho procesal constitucional, Buenos Aires, Rubinzal Culzoni, 2006, p. 74, citado por Manuel Fernando Quinche Ramírez, El control de constitucionalidad, 2ª edición, Pontificia Universidad Javeriana Facultad de Ciencias Jurídicas, Ibáñez, Bogotá, p. 77.

30 Juan Manuel Charry Urueña, La excepción de constitucionalidad, Jurídica Radar Ediciones, Bogotá, p. 103.

viabiliza una jurisdicción constitucional material, de manera que esto advierte que los poderes públicos constituidos sujetan sus actos, que pueden ser leyes, sentencias o actos administrativos, a las normas orgánicas constitucionales y a los valores, principios y derechos.

Volviendo a la sentencia SU 1.158 de 2003, en la misma la Corte Constitucional se dirige al literal c del artículo 1º de la Ley 585 de 2000. Esta norma modifica el artículo 11 de la Ley 270 de 1996 que establece la estructuración de la Rama Judicial y en esta se incluye únicamente a la Corte Constitucional en la jurisdicción constitucional, relevante que conduce a que la corporación encuentre que de acuerdo con la preceptiva legal sería solamente la Corte Constitucional el dispensador de justicia que integraría la jurisdicción constitucional. Ante esta premisa la alta corte observa que debe tenerse en cuenta tanto lo orgánico como lo material o funcional toda vez que cuando un juez o tribunal conoce de una tutela actúa ejerciendo una función propia de la jurisdicción constitucional.

A lo descrito es oportuno integrar los apartes de la sentencia de constitucionalidad C-560 de 1999 que toma la Corte Constitucional en la sentencia SU 1.158 de 2003: que en la Constitución existen otras autoridades que también ejercen jurisdicción constitucional; que estas autoridades ejercen en forma excepcional y en relación con cada caso concreto; que estas autoridades son los jueces y corporaciones que deben decidir las acciones de tutela o resolver acciones o recursos previstos para la aplicación de los derechos constitucionales; que las decisiones que adoptan estos funcionarios generalmente producen efectos inter partes, aunque en algunos casos sus efectos pueden ser erga omnes.

En la Sentencia de unificación SU 1.158 de 2003 la Corte Constitucional explica acerca del trámite del cumplimiento del fallo de tutela. La corporación orienta en un primer orden hacia el término para el cumplimiento del fallo, del que señala se halla en la parte resolutiva de la decisión. De acuerdo con la alta corte si fenece el plazo fijado, transcurren 48 horas y el juez tiene conocimiento del incumplimiento de lo resuelto en la sentencia de tutela, este debe dirigirse al superior del incumplido para que realice dos actos, esto es, que haga cumplir al inferior la orden de tutela, y que inicie u ordene un procedimiento disciplinario contra el funcionario remiso. Después de este trámite la corporación enseña que si pasan otras cuarenta y ocho horas el juez ordenará abrir proceso contra el superior que no hubiere procedido conforme con lo decidido y deberá adoptar todas las medidas para el cabal cumplimiento de lo dispuesto.

De lo anterior se evidencia que el juez de tutela es componente de la justicia constitucional y toda vez que la justicia constitucional debe cumplir una labor constitucional funcional se tiene que lo amparado se debe cumplir y sobre todo materializar, de manera que se activa un entendimiento que permite conocer que la jurisdicción constitucional es revestida de instrumentos o mecanismos que le permiten accionar a fin de cumplir su función por antonomasia, es decir, la realización del amparo del derecho, así se resuelve la necesidad de justicia y el sentido de la función del juez, al que según Carnelutti[31] el Estado moderno no le puede permitir que no administre justicia.

La preceptiva legal configurada en el artículo 27 del decreto 2591 de 1991 avisa que no es óbice del trámite del cumplimiento del fallo de tutela el trámite del desacato. En efecto, son dos institutos previstos por el legislador para el cumplimiento de las órdenes contenidas en la sentencia de tutela, que están revestidos de poderes disciplinarios y constituyen instrumentos para el operador judicial que permiten que este funja como autoridad de la jurisdicción constitucional funcional, además tienen distintas vertientes y se pueden proyectar de forma paralela.

En la sentencia de tutela T 218 de 2012 la Corte Constitucional explica que son dos los mecanismos que puede utilizar el actor en sede de tutela de forma simultánea o sucesivamente si no se cumpliere una orden emitida dentro de un fallo de amparo. La corporación sostiene que no son excluyentes entre sí estos instrumentos procesales constitucionales. La razón que aduce la alta corte consiste en que uno es de tipo sancionatorio y otro es de tipo material. Sin embargo, de nuestra parte anotamos que el mecanismo del cumplimiento incluye unas posibles actuaciones disciplinarias que a su vez pueden concluir con sanciones, empero, es claro que su fundamento principal es el cumplimiento de la orden, aspecto que es distinto en el incidente de desacato, donde se resuelve si la parte accionada ha cumplido o no con la sentencia de tutela, y si en efecto ocurriera el desacato a la decisión del juez constitucional este hecho conllevaría a una sanción que para el caso el legislador la ha previsto en arresto y multa.

Si bien el tribunal constitucional colombiano precisa sobre la posibilidad simultánea del cumplimiento y la sanción por desacato, concluye que existe una diferencia sustancial entre ellos, esto es, que la sanción por desacato es un mecanismo coercitivo, que a su vez depende de la responsabilidad subjetiva del obligado a cumplir la decisión judicial, que es creado con el fin de asegurar el cumplimiento de la protección impartida y para tal propósito otorga poderes sancionatorios al juez constitucional.

Sin embargo, a pesar de fijar la diferencia entre el cumplimiento del fallo de tutela y el incidente de desacato, el tribunal constitucional colombiano formula que las gestiones que conllevan al cumplimiento de la sentencia de tutela no acarrean necesaria o instantáneamente el inicio del incidente de desacato[32]. La

---

31 Francesco Carnelutti, Cómo se hace un proceso, Editorial Temis, p. 119.

32 Sentencia T 399 de 2013 de la Corte Constitucional.

corporación explica que se puede dar el caso que de forma paralela al cumplimiento de la decisión se inicie el incidente de desacato, no obstante el alto tribunal agrega que el incidente de desacato no puede desconocer ni excusar la obligación primordial del juez constitucional, es decir, hacer cumplir integralmente la orden judicial de protección de acuerdo con los términos consignados en la sentencia y en atención a las facultades que confiere el artículo 27 del decreto 2591 de 1991, a lo cual añadimos que la alta corte en la sentencia de tutela T 684 de 2010, esto es, que la citada norma se encuentra ubicada dentro del conjunto de los artículos de este decreto que regula el trámite de la acción de tutela en la primera instancia.

El artículo 52 del decreto 2591 de 1991 describe la sanción para la persona que incurra en el incumplimiento de la orden de un juez proferida con base en el fallo de tutela , es decir, corregir la frase. La Corte Constitucional ha explicado sobre la disposición dos cosas, que en el texto legal se ha dispuesto toda la estructura procesal de la actuación que debe surtirse para declarar que una persona ha incurrido en desacato, y la imposición de la correspondiente sanción, para lo cual determina además como instrumento un incidente, el juez competente, y el mecanismo para revisar y controlar la decisión que sanciona. La citada sentencia de tutela T 684 de 2010 de la Corte Constitucional denota al incidente de desacato como un medio adicional especial que radica en el juez que profirió la orden, o en el de primera instancia, toda vez que en este último evento puede tratarse de un fallo que provenga de segunda instancia o de revisión, caso en el que se observará el artículo 36 del decreto 2591 de 1991. El artículo 36 del decreto 2591 de 1991 prescribe acerca de las sentencias en que se revise una decisión de tutela que surtirán efectos en el caso concreto y deberán ser comunicadas inmediatamente al juez o tribunal competente de primera instancia, el cual notificará la sentencia de la Corte a las partes y adoptará las decisiones necesarias para adecuar su fallo a lo dispuesto por esta.

3. ¿QUIÉN PUEDE ACTUAR EN EL INCIDENTE DE DESACATO?

De acuerdo con el artículo 10 del decreto 2591 de 1991 la acción de tutela puede ser ejercida en todo momento y lugar por cualquiera persona vulnerada o amenazada en uno de sus derechos fundamentales, y tal persona actuará por sí misma o a través de representante. Cuando se trate de persona que no se encuentre en condiciones de promover su propia defensa se podrá agenciar derechos a nombre de esta.

De otra parte, la Corte Constitucional ha precisado las formas de acreditar la legitimación en la causa por activa en las acciones de amparo. La corporación ha enunciado el ejercicio directo de la acción, el ejercicio por medio de representante legal, el que puede ocurrir en el caso de personas jurídicas, menores de edad, personas declaradas como interdictos, el ejercicio por medio de apoderado judicial, y la del ejercicio por medio de agente oficioso[33].

Para tratar sobre la legitimidad que hace posible actuar en el incidente de desacato a fallo de tutela, y vistas las premisas anteriores, tenemos que cuando la sentencia de tutela ha sido proferida y de esta manera el juez constitucional se ha pronunciado sobre la vulneración o amenaza de derechos en contra del accionado, se ha superado el examen de legitimidad por activa, inclusive por pasiva en cuanto al trámite de la solicitud de amparo, de forma que conocemos quiénes fueron los actores que participaron en la acción constitucional.

Igualmente, cuando nos encontramos ante el incidente de desacato corresponde verificar sobre la legitimación por activa y pasiva para poder actuar dentro de este mecanismo previsto por el legislador para el cumplimiento de las órdenes decretadas por el juez constitucional. En este sentido, se deberá establecer quiénes actuaron como partes, y los sujetos que fueron amparados en la acción de tutela. Después del ejercicio de verificación puede ocurrir que el solicitante de apertura de incidente de desacato no haya efectivamente participado como parte dentro de la acción constitucional, caso en el cual tal relevante resultará determinante, dado que la decisión será que la postulación será rechazada por improcedente, lo que indica que ni siquiera se podrá adelantar el trámite de ley, en consecuencia, menos proferir una decisión de fondo.

---

33 Sentencias T 422 de 1993, T 530 de 1994, T 044 de 1996 de la Corte Constitucional.

A pesar de que los solicitantes de la apertura del incidente de desacato no hayan sido accionantes dentro del trámite de la acción constitucional, lo que indicaría que a prima facie corresponde rechazar la petición, es menester el análisis de los efectos del fallo de tutela. Al respecto, en la sentencia de tutela T 843 de 2009 la Corte Constitucional aclara que, si bien la regla general es que las decisiones de tutela tienen efecto inter partes, en ocasiones esa corporación ha extendido los efectos de sus providencias cuando aplica la excepción de constitucionalidad, de forma que puede aplicarse lo decidido a casos semejantes, esto es, inter pares e inter comunes, cuando se presentan de manera concurrente una serie de condiciones. En el citado fallo de tutela también dilucida el tribunal constitucional colombiano que los efectos de la decisión se producen primeramente entre las partes, pero sin perjuicio de que en eventos que llama especialísimos, puedan extenderse a terceras personas en virtud de las figuras de efectos inter pares o inter comunes. Otro acontecimiento puede suceder cuando no se ha sido parte en la acción de tutela y se pretenda la apertura del incidente de desacato en los eventos en que, si bien se han dado órdenes de carácter general, se advierta un interés legítimo del peticionario[34].

Otra situación posible es que la persona a quien se le haya amparado sobre la violación de un derecho fundamental o su amenaza, y en consecuencia se hayan dispuesto órdenes para su restablecimiento, haya participado en la acción de tutela a través de apoderado, o que debido a las circunstancias en el momento de presentar la acción constitucional hubiere sido necesario que actuara un agente oficioso, y ante el incumplimiento de lo dispuesto por el juez constitucional pretenda actuar directamente para que se dé apertura al incidente de desacato. Al amparado en este caso le asiste legitimidad para solicitar la apertura del incidente de desacato teniendo en cuenta que para acudir a la acción de tutela se permite el ejercicio de manera directa, ejercicio que se encuentra legitimado en este evento porque precisamente es el directo afectado, de forma que se haya habilitado para solicitar la apertura de incidente de desacato y dentro de este podrá actuar directamente toda vez que es el beneficiado o protegido directamente o inequívocamente con el fallo de tutela.

Otros legitimados para promover el incidente de desacato, de acuerdo con la sentencia de tutela T 766 de 1998, son el Defensor del Pueblo y los personeros, conforme con el artículo 282 de la Carta, añadiendo la Corte Constitucional en el citado fallo que en la Resolución 1 del 2 de abril de 1992 el Defensor del Pueblo confirió autorización a los personeros municipales para llevar su representación en materia de tutela. La alta corte conecta en la misma decisión enunciada con lo anotado en la sentencia de tutela T 173 de 1993 en el sentido de que el incidente de desacato no se relaciona con un proceso en curso, sino con la inobservancia de

34 Auto 223 de 2005 de la Corte Constitucional.

un fallo judicial en firme, que se ha prolongado en el tiempo y renueva e intensifica la vulneración de derechos fundamentales, por lo que nada obsta para que las personas afectadas acudan al Defensor del Pueblo o a los personeros municipales, a fin de obtener representación ante el juez competente para lograr que el mandato judicial, según la corporación, sea puntual y totalmente cumplido.

Acerca de la competencia[35] para el trámite del incidente de desacato, esta se radica en el juez de primera instancia. En el auto 102 de 2016 la Corte Constitucional precisa que esa corporación ha señalado que por regla general el competente en el trámite del cumplimiento de un fallo de tutela como en el trámite de incidente de desacato es el juez de primera instancia. Fija la corporación en el citado fallo que las reglas que fundamentan la competencia del incidente de desacato en el juez de primera instancia fueron indicadas en el auto 136 A de 2002.

En el auto 136 A de 2002 se dilucida que se obedece a una interpretación sistemática del decreto 2591 de 1991, porque el artículo 27 se encuentra ubicado dentro del conjunto de los artículos del decreto 2591 de 1991 que regulan el trámite de la acción de tutela en primera instancia, que son del 15 al 30; se genera claridad en términos de seguridad jurídica al desarrollar el principio de igualdad en los procedimientos judiciales, esto para evitar una doble competencia, en el juez de primera instancia y en el juez de segunda instancia, toda vez que en algunas ocasiones la orden la profiere este último; se encuentra en armonía con el principio de inmediación de la acción de tutela, lo que explica la corporación en el sentido que de acuerdo con este principio el juez constitucional está en la obligación de sustanciar, en la medida posible, personal y directamente el trámite de tutela, por lo que de esta manera, según la alta corte, el juez deberá él mismo practicar las pruebas pertinentes y verificar el cumplimiento de sus providencias, concluyendo el tribunal constitucional que en general el principio de inmediación ordena al juez vincularse activamente con todos los trámites que traten sobre asuntos de tutela y que cursen en su despacho; protege la eficacia de la garantía procesal del grado de consulta, lo que se explica en atención a que se debe garantizar en cualquier circunstancia el grado de consulta.

Por otra parte, advierte también la Corte Constitucional que cuando el juez de segunda instancia revoque la decisión del juez de primera instancia, y en su lugar conceda la tutela, debe, además de enviar el expediente a la Corte Constitucional para su eventual revisión, de conformidad con los términos del artículo 32 del decreto 2591 de 1991, enviar al juez de primera instancia las copias pertinentes con el fin de que éste pueda cumplir con las obligaciones de que trata el artículo 27 del mismo decreto 2591 de 1991.

---

35 Hernando Morales Molina, Curso de derecho procesal civil parte general, 11ª edición, Bogotá, Editorial ABC, 1991, p. 33.

Otro aspecto que atañe al juez de primera instancia lo incluye la Corte Constitucional en el citado auto 136 A de 2002. Señala la Corte, que cuando se trata de fallos proferidos por esa corporación en sede de revisión, la jurisprudencia ha establecido, siguiendo el artículo 36 del decreto 2591 de 1991, que corresponde al juez de primera instancia tomar las medidas que permitan asegurar el cumplimiento del fallo de tutela, para de esta forma hacer efectiva la orden dada por esa alta corte. En el artículo 36 del decreto 2591 de 1991 se puede observar que tal preceptiva legal prevé que las sentencias que revisen una decisión de tutela solo surtirán efectos en el caso concreto, y se deberán comunicar inmediatamente al juez o tribunal competente de primera instancia, el que a su vez deberá notificar la sentencia de la Corte a las partes, y también adoptará las decisiones necesarias para adecuar su fallo a lo dispuesto por esta.

Sin embargo, luego de plasmar las razones que confirman la regla general de competencia en el incidente de desacato en el juez de primera instancia, el tribunal constitucional colombiano hace notar en el enunciado auto 136 A de 2002 que ello no impide que la Corte conserve la competencia, como máximo órgano de la jurisdicción constitucional. Esto es así, según la corporación, para que en ciertos casos se adopten medidas adicionales de cumplimiento en aras de garantizar la efectiva protección de los derechos fundamentales en los términos del respectivo fallo de tutela. Entonces, se explica en la providencia, en este caso, lo que ocurre es que la Corte conserva la competencia porque el juez de primera instancia, a quien le compete pronunciarse sobre el cumplimiento de la sentencia dictada por ella, no adopta medidas conducentes al mismo, lo que puede suceder porque este juez de primera instancia ha ejercido su competencia y la desobediencia persiste, por lo que se hace necesaria la intervención de la Corte.

No obstante, para que la Corte mantenga su intervención se necesitan de unos puntuales requisitos, según se enuncia en el auto 136 A de 2002: que se trate del incumplimiento de una sentencia que haya sido emitida por la Corte Constitucional en virtud de la cual se conceda el amparo solicitado; que resulte imperioso salvaguardar la supremacía e integridad del ordenamiento constitucional; y que la intervención de la Corte sea indispensable para la protección efectiva de los derechos fundamentales vulnerados o amenazados.

Esta posición de la Corte Constitucional es sostenida en el auto 244 de 2010, es decir, que de manera excepcional el tribunal constitucional continuaría el seguimiento de la ejecución de la parte resolutiva de sus decisiones cuando el juez que debe pronunciarse sobre el cumplimiento de la sentencia ha ejercido su competencia y la desobediencia persiste. Sin embargo, en esta providencia la Corte se extiende, precisando el evento cuando la autoridad desobediente es una alta corte, dado que las mismas no tienen superior jerárquico que pueda conocer de la consulta sobre la sanción por desacato. Añade también la Corte otras situaciones, cuando se presenta un manifiesto incumplimiento de las órdenes de tutela sin que los jueces competentes hayan podido adoptar las medidas que permitan hacer efectiva la orden de protección o dichas medidas han sido insuficientes o ineficaces, y en presencia de un estado de cosas inconstitucional, esto es, un estado de cosas contrario a la Constitución, que afecta a un conjunto amplio de personas, de forma que se han emitido órdenes complejas para cuya efectividad se requiere del permanente seguimiento y la adopción de nuevas determinaciones de acuerdo con las circunstancias de una situación que se prolonga en el tiempo.

4. ¿CÓMO SE TRAMITA EL INCIDENTE DE DESACATO?

La Corte Constitucional en la sentencia de tutela T 368 de 2005 identifica el campo de acción del juez constitucional, y encuentra que está limitado por la orden misma de protección dictada en la sentencia de tutela. En la misma sentencia el tribunal constitucional colombiano ha considerado válido en el trámite de un incidente de desacato a fallo de tutela que el juez indague sobre el alcance de la orden de tutela para determinar si la orden fue atendida en debida forma.

De lo anterior se tiene que se debe partir de la orden proferida, y una vez ubicada en esta lo siguiente es distinguir si esta se cumplió o la manera cómo se ha cumplido, y si no se hallaren razones que justifiquen la no realización del debido cumplimiento de lo decretado por el juez constitucional se deberá fijar la consecuencia del comportamiento del obligado.

El accionante o beneficiado con el amparo le comunica al juez constitucional que la orden no se ha cumplido o se ha cumplido parcialmente por lo que este debe hacer un análisis previo que permita dilucidar si se abre o no el incidente de desacato. Al respecto, la sentencia de constitucionalidad C-367 de 2014 avisa sobre los aspectos que primeramente se deben verificar en la sentencia de tutela: a quién está dirigía la orden; cuál fue el término otorgado para ejecutarla; y el alcance de la misma.

La verificación descrita, según la Corte Constitucional, es con el objeto de concluir si el destinatario de la orden la cumplió de forma oportuna y completa. El tribunal constitucional precisa que si existiere el incumplimiento se deben identificar las razones por las cuales se produjo a fin de establecer las medidas necesarias para proteger efectivamente el derecho, además se debe determinar si existió o no responsabilidad subjetiva en la persona obligada. Así, se comprende que el primer chequeo se remite a identificar la persona obligada a cumplir la orden, el término y alcance de la misma.

La sentencia de constitucionalidad C-367 de 2014 se conecta con la sentencia de tutela T-014 de 2009 en el sentido de que el tema se limita a examinar si la orden emitida por el juez constitucional fue cumplida o no, de ahí que la referencia es el contenido de la parte resolutiva de la sentencia de tutela. En este sentido si la sentencia de tutela no permite descubrir a quién se dirige la orden, el término para ejecutarla y el alcance de la misma, dificulta sobre la claridad de iniciar el incidente, inclusive el juez constitucional resolvería no abrir el incidente de desacato por absoluta imposibilidad.

Después de que se comprueba el incumplimiento de la orden, y dilucidado en consecuencia que se debe dar apertura al incidente, aparecen unos interrogantes que se deben despejar. Es deber averiguar las razones por las cuales se produjo el incumplimiento y si existió o no responsabilidad subjetiva en la persona. Al mismo tiempo este ejercicio permite realizar el derecho de defensa del obligado, de contera el debido proceso. En consecuencia, inicialmente se practicará el traslado de la solicitud de apertura del incidente que formuló el accionante a quien se dice ha incurrido en el desacato,

De otra parte, otras verificaciones que deberá adelantar el juez constitucional serán la notificación a las partes de la sentencia de tutela, si ha quedado en firme y si ha hecho tránsito a cosa juzgada.

Al seguir la sentencia de constitucionalidad C-367 de 2014, se tiene que el juez procederá primero al trámite de cumplimiento de la orden judicial, trámite que se inicia cuando fenece el plazo fijado, transcurren 48 horas, y el operador judicial tiene conocimiento del incumplimiento. El juez constitucional se dirigirá al superior del incumplido y lo requerirá para dos efectos, primero, para que el superior haga cumplir al obligado la orden de tutela, y segundo, a fin de que el superior inicie un procedimiento disciplinario contra el funcionario remiso. Si pasan otras cuarenta y ocho horas, y no se cumple lo dispuesto por el juez, este ordenará abrir proceso contra el superior que no hubiese procedido conforme con lo dispuesto y adoptará todas las medidas hacia el cumplimiento de la sentencia de tutela, quedando facultado además para sancionar por desacato al responsable y al superior hasta que se cumpla el fallo. En este sentido, es visible que el juez constitucional deberá averiguar quién es la persona que funge como superior del obligado y sobre su ubicación.

En la providencia que disponga la apertura del incidente de desacato a fallo de tutela se ordenará el traslado de la solicitud del accionante al obligado y al superior de este, de forma que a través de esta decisión ambos quedarán vinculados al trámite. El siguiente tránsito, luego de haberse dado la oportunidad al obligado y a su superior, es decir, cuando se materializa el traslado de la solicitud de incidente de desacato que formuló el accionante, es practicar las pruebas que se hayan solicitado al juez, así como aquellas que el operador judicial considere conducentes y pertinentes para adoptar la decisión como lo ha fijado la Corte Constitucional[36].

En efecto, tanto los hechos expresados por el accionante, como los expuestos por el obligado a cumplir la orden dictada en el fallo de tutela, se someten a ser probados. Todos estos hechos se deben probar porque entre otras cosas de lo ob-

36 Sentencias T 123 de 2010 y T 271 de 2015 de la Corte Constitucional.

tenido mediante las pruebas practicadas se desprenderá una decisión de trascendencia, como quiera que atañe a un derecho fundamental como es el derecho a la libertad, toda vez que la sanción de arresto se constituye en la sanción impuesta al obligado que no justificara el cumplimiento a una orden proferida en una sentencia de tutela, a lo que además se agrega que se debe constatar el dolo o la culpa de este. En este sentido, es de recibo recordar que la Corte Constitucional distingue entre el derecho penal de autor y el derecho penal de acto. El tribunal constitucional colombiano se decide por el derecho penal de acto, esto es, que el obligado responde por sus actos conscientes y libres, y no por sus condiciones psicofísicas o su personalidad, como ocurriría según la primera tipología, esto es, que no se trata de algo objetivo, sino de una intención[37].

La información presentada al juez constitucional por el accionante o el beneficiario de la orden de tutela que trasmite el incumplimiento de la sentencia, y las razones del obligado por la orden de tutela, quien pudiera aducir el cumplimiento o justificación que sostenga la no realización de lo dictado por la justicia constitucional se convierte en tema de prueba[38], esto es, que debe ser materia de actividad probatoria, es decir, se deben probar hechos precisos. Pudiera ocurrir que el accionante o beneficiario de la orden de tutela simplemente manifieste que esta se ha incumplido. En este caso al obligado le corresponde la carga de probar los hechos que acrediten el cumplimiento del amparo concedido o la justificación del incumplimiento.

El aspecto probatorio dentro del trámite del incidente de desacato a fallo de tutela se conecta con el término para resolverlo, de acuerdo con lo elaborado por la Corte Constitucional en la sentencia de constitucionalidad C-367 de 2014. En el fallo enunciado el tribunal constitucional colombiano declaró exequible el artículo 52 del decreto 2591 de 1991 en el entendido de que el incidente de desacato previsto en esa preceptiva legal debe resolverse en el término establecido en el artículo 86 de la Constitución Política, salvo por algunas razones, entre otras, la necesidad de la prueba y el aseguramiento del derecho de defensa.

La Corte Constitucional precisó en la referida sentencia de constitucionalidad C-367 de 2014 que se deben adoptar directamente las medidas necesarias para la práctica de la prueba, respetando el derecho de defensa, analizando y valorando la prueba una vez que se haya practicado, de manera que se puede distinguir que podría extenderse el periodo probatorio, teniendo en cuenta que el juez constitucional tiene facultad para ordenar y practicar pruebas de oficio que sean conducentes y pertinentes.

---

37 Sentencias C 077 de 2006, C 365 de 2012 y T 271 de 2015 de la Corte Constitucional

38 Hernando Devis Echandía, Compendio de Derecho Procesal tomo II pruebas judiciales, 5ª edición, Bogotá, Editorial ABC, 1977, p. 49.

Después de practicar las pruebas pedidas y decretadas de oficio se valorará en consecuencia tales pruebas que conducirá al convencimiento del juez, que a su vez será plasmado en la decisión. Proferida la decisión esta debe notificarse a todas las partes y se enviará la actuación al superior para que se surta el grado de consulta si se ha declarado el desacato e impuesto sanción al obligado a cumplir con la orden contenida en la sentencia de tutela.

5. LA DECISIÓN SOBRE EL INCIDENTE DE DESACATO

Antes de dictar el fallo que resuelve el incidente a fallo de tutela, el juez constitucional también debe efectuar algunas verificaciones. En este sentido, como sucedió cuando debía dilucidar sobre la apertura del trámite incidental por incumplimiento de la orden de tutela, el juez constitucional debe partir de la sentencia que amparó al accionante.

El examen sobre el fallo de tutela no solo debe remitirse a su contenido sustancial, sino a aspectos procesales que se conectan con la decisión de amparo. En este caso, la sentencia de tutela debe estar notificada a todas las partes, o a todas las personas que sean afectadas por las órdenes proferidas en la resolución de amparo de derechos violados o amenazados.

Otro aspecto a tener en cuenta es conocer la decisión de impugnación de la sentencia de tutela, aún más, si la decisión fue notificada a todas las partes o personas afectadas con el fallo, y también advertir si la sentencia fue objeto de revisión por la Corte Constitucional.

También demás relevantes procesales a tener en cuenta nuevamente son la legitimidad de las partes y la competencia. Se revisará la situación del que actuó como solicitante de la apertura del incidente y la del obligado a cumplir la sentencia de tutela. Acerca de la competencia, esta corresponde al juez de primera instancia. Entonces, si previamente se realizó un análisis a fin de dilucidar si era procedente la apertura del incidente de desacato y en consecuencia el desarrollo de su trámite, al momento de dictar la decisión debe atenderse otro análisis que conduzca a aclarar si es posible que ésta en efecto se profiera.

A pesar de que se trata de otro examen, distinto al realizado o tenido en cuenta para dilucidar acerca de la apertura del incidente de desacato, es de recibo que el operador judicial cuando va a resolver repase cómo ocurrió el acto de apertura, además cómo ha discurrido la actuación. Es cierto que para el momento de emitir la resolución sobre el incidente de desacato algunos aspectos como legitimidad de las partes, competencia, beneficiario o beneficiarios de la orden dictada en la sentencia se han visualizado, sin embargo, es de recibo chequear la forma cómo se vinculó al obligado a cumplir la orden de tutela, inclusive a su superior, toda vez que cualquier insuficiencia procesal podría acarrear la nulidad de la actuación, si se observó el pedido de pruebas por las partes, en todo caso, si ha se ha desenvuelto el periodo probatorio.

Este último terreno, esto, es el probatorio, nos obliga a repasar la procedencia, la conducencia, la pertinencia y la eficacia del medio probatorio, tópicos que se conectan con el debido proceso, aspecto que resalta la Corte Constitucional en la sentencia de tutela T-763 de 1998, fallo en el que el tribunal constitucional colombiano echó de menos la valoración de las pruebas, inclusive, visibilizó una vía de hecho en una sanción por desacato por el desconocimiento de algunos elementos que obraban en la actuación, elementos que según la corporación desvirtuaban la responsabilidad subjetiva del disciplinado frente a la orden dada en el amparo.

Cuando se va a resolver el incidente de desacato, tiempo en el que ya se ha adelantado el periodo probatorio, el juez se dirige nuevamente a la parte resolutiva de la sentencia de tutela, esto es, la orden, el término otorgado para ejecutarla y el alcance de la misma, solo que esta vez no para tratar sobre la competencia y la legitimidad, sino para establecer si el destinatario de la orden la cumplió de forma oportuna y completa, si efectivamente desconoció la orden impartida en el fallo de amparo, es decir, si ocurrió el incumplimiento. El operador judicial constatará además si el incumplimiento fue parcial o total, las razones de la omisión a fin de determinar las medidas necesarias para proteger el derecho, tal como lo considera el tribunal constitucional colombiano en la sentencia de tutela 889 de 2001.

Cuando el juez constitucional observa todos los extremos anotados, y descarta cualquier irregularidad en el trámite incidental, que inclusive conduzca a declarar una nulidad, es decir, ha verificado que es procedente resolver el incidente de desacato a fallo de tutela, se encuentra ante dos posibles decisiones únicamente, esto es, la expedición de una decisión adversa al accionado u obligado, o la no imposición de sanción alguna, de manera que en este caso concluiría la actuación de primera instancia, toda vez que de sancionarse debe surtirse el grado jurisdiccional de consulta ante el superior jerárquico. Es de aclarar que la no imposición de sanción no solamente resultaría de comprobarse que la obligación se ha cumplido o que se han adelantado las diligencias pertinentes hacia su cumplimiento, sino que podría acontecer que el operador judicial advierta que el accionante o beneficiario del amparo ha presentado ante la Administración de Justicia hechos nuevos, ajenos a la decisión de tutela.

El juez constitucional no está facultado para modificar el contenido sustancial de la orden de tutela o redefinir los alcances de la protección otorgada, empero el tribunal constitucional colombiano fijó que de manera excepcional el operador judicial que adelanta el incidente de desacato o el grado de consulta pueden introducir órdenes adicionales a las originalmente impartidas o realizar ajustes a las mismas si lo dispuesto es imposible de cumplir o se llega a demostrar que la misma es absolutamente ineficaz para proteger el derecho amparado, sin embargo, la corporación aclara que ello no implica el desconocimiento del principio de cosa juzgada[39].

La facultad de modificar el contenido sustancial de la orden de tutela es procedente cuando es necesario alterar la orden en sus aspectos accidentales, es decir, tiempo, modo y lugar, debido a las condiciones de hecho. Esta opción del juez constitucional permite la realización de lo decidido en su sentido original y esencial, de acuerdo con la Corte Constitucional, porque lo ordenado nunca garantizó el goce efectivo del derecho fundamental tutelado, o lo hizo en un comienzo, pero después devino inane, porque implica afectar de manera grave, directa, cierta e inminente el interés público y porque es evidente que lo ordenado será de imposible cumplimiento.

El tribunal constitucional indica que la nueva orden debe buscar la menor reducción posible de la protección concedida y compensar dicha restricción de forma inmediata y eficaz. Según la Corte Constitucional si no se tienen en cuenta los relevantes que autorizan la modificación podría ocurrir un desbordamiento de la competencia, situación que configuraría un defecto orgánico, por lo cual consideramos de recibo recordar la sentencia de tutela 1.113 de 2005, en el sentido de que el juez que tiene a su cargo el incidente no puede cuestionar la decisión de proteger el derecho, ni el contenido sustancial de las órdenes o remedios adoptados, sino que puede introducir ajustes a la orden originalmente impartida, pero observando las circunstancias que ha desarrollado la jurisprudencia constitucional.

[39] Sentencia T 1.090 de 2012 de la Corte Constitucional.

6. EL GRADO DE CONSULTA ANTE LA SANCIÓN

La Corte Constitucional explica que el trámite incidental de desacato concluye con un auto[40]. De conformidad con el inciso segundo del artículo 52 del decreto 2591 de 1991 si se impusiere sanción al accionado u obligado con la orden dictada en la sentencia de tutela esta deberá ser consultada ante el superior jerárquico del operador judicial de primera instancia. Acerca del grado de consulta el tribunal constitucional colombiano enseña que su objeto consiste en la revisión que hace el superior jerárquico en el sentido de que la sanción impuesta se haya proferido de manera correcta, sin embargo, la corporación aclara que no se trata de un medio de impugnación.

Como la decisión que resuelve el incidente de desacato no se encuentra en firme, dado que debe surtirse el grado de consulta, en consecuencia, no se configura cosa juzgada, de forma que en ese momento procesal todavía no se ha desvirtuado judicialmente la presunción de inocencia si el accionado u obligado fuere sancionado, en tal sentido aún no se puede materializar lo dispuesto por el juez constitucional.

La Corte Constitucional declaró la inexequibilidad del efecto devolutivo del grado de consulta que preveía el inicial artículo 52 del decreto 2591 de 1991. La alta corte consideró sobre la preceptiva legal que es manifiestamente contraria al inciso cuarto del artículo 29 de la Carta en donde se configuró el debido proceso, que preserva el principio de inocencia, por esta razón la corporación dilucida que el grado de consulta se debe tramitar en el efecto suspensivo. Tuvo la corporación como soporte el artículo 386 del Código de Procedimiento Civil, estatuto procesal para la época, preceptiva que dirige el trámite de consulta a las normas sobre el trámite de apelación. La corte de cierre también tiene en cuenta que el artículo 354 del enunciado estatuto procesal prevé el efecto suspensivo para la apelación. Es decir, mientras la impugnación se concede en el efecto devolutivo, y de paso se cumple la protección del derecho del accionante, el grado de consulta de la sanción por desacato se cumple en el efecto devolutivo para la protección del derecho del accionado u obligado.

La Corte Constitucional expone que el efecto devolutivo permite que mientras se decida la consulta, la ejecución de la sanción se efectúe sin el pronunciamiento

---

40 Sentencia C 243 de 1996 de la Corte Constitucional.

del superior jerárquico, que puede llegar tarde, cuando la privación de la libertad, por ejemplo, este consumada o parcialmente consumada y la decisión en el grado de consulta haya sido la revocatoria de la decisión del *a quo*[41].

De otra parte, el tribunal constitucional también advierte que el legislador no señala los recursos posibles contra la decisión que resuelve el trámite incidental de desacato. La alta corte concluye de la labor del legislador un expreso silencio, siendo expreso únicamente frente al grado de consulta. Agrega la corporación que el legislador definió de manera clara los derechos de los sujetos procesales, por lo que no es necesario acudir a las reglas del procedimiento civil para definir los alcances del artículo 52 del decreto 2591 de 1991, a lo que también añade que cuando el texto de una norma es claro, la manera de interpretarse es en su sentido natural y obvio, sin desvirtuarlo mediante comparación con principios o normas jurídicas que no son los especiales frente a la situación jurídica regulada en concreto.

La reglamentación sobre derechos fundamentales corresponde al legislador. En ese sentido la acción de tutela configurada para la protección de esta clase derechos ha sido reglamentada por el poder legislativo y tal regulación se extiende a los mecanismos de cumplimiento de la decisión que ampara un derecho o derechos fundamentales violados o amenazados, de manera que surge en consecuencia la reglamentación del incidente de desacato, legitimidad que permite edificar preceptivas sobre estructuras procesales.

Sobre la actuación relacionada con la segunda instancia luego de resolverse el incidente de desacato, en la sentencia de constitucionalidad C-243 de 1996 la Corte Constitucional se detiene en el recurso de apelación y sobre este aclara que no se consagra para ninguna de las partes ni cuando el incidente concluye sin sanción, ni cuando se impone la sanción. La alta corte acude al procedimiento civil y fija que lo no expresado como apelación no es apelable, por lo cual, si el legislador guarda silencio, esta actitud indica que no existe la posibilidad del recurso, además porque la reglamentación en cabeza del poder legislativo obedece a su facultad para configurar leyes.

En la sentencia de constitucionalidad C-243 de 1996 citada la Corte Constitucional al referirse al cargo de presunta violación del artículo 31 de la Carta anota que la norma constitucional autoriza expresamente para establecer excepciones al mismo principio que ella consagra, esto es, que toda sentencia podrá ser apelada o consultada.

De otra parte, incluir un recurso de apelación en la acción de tutela, así como dentro de los mecanismos de cumplimiento del fallo conllevaría exigir a las partes

---

41 Sentencia C 243 de 1996 de la Corte Constitucional.

porque impetrar un recurso impone en principio la carga de su sostenimiento, inclusive un rigor técnico en su exposición. Ahora, la acción constitucional se caracteriza por su matiz de profundo acceso a la justicia, esto creemos es atendido por el legislador, quien abandera un poder que delega el pueblo, situación que reviste al parlamento de legitimidad democrática.

El grado de consulta solo se surte cuando se sanciona al obligado con el fallo de tutela por no haberse cumplido la decisión del juez constitucional. De acuerdo con el inciso segundo del artículo 52 del decreto 2591 de 1991 el término que tiene el superior jerárquico del juez que decidió el incidente de desacato para pronunciarse en sede de consulta acerca de la sanción impuesta al accionado es de tres días. La Corte Constitucional explica que el término de tres días debe comprenderse como días hábiles, de manera que en los términos de días no se tomarán en cuenta los días de vacancia judicial, ni aquellos en que por cualquier circunstancia permanezca cerrado el despacho, tratamiento que se mantiene actualmente en el Código General del Proceso.

7. LA INAPLICACIÓN, LA CESACIÓN DE EFECTOS Y LA REVOCATORIA DE LA SANCIÓN POR DESACATO

Para tratar sobre el título propuesto recordemos en primer orden sobre el objeto del incidente de desacato a fallo de tutela. En este sentido partimos, según la sentencia de tutela T-088 de 1999, de su focalización por parte de la Corte Constitucional. En efecto, la alta corte visualiza una oportunidad de la cual dispone el sistema jurídico quien usa esta vía procesal para que los fallos se cumplan.

De otra parte, al lado de observar el objeto del incidente de desacato, es importante distinguir la actitud del accionado u obligado por la sentencia de tutela, esto es, el comportamiento desplegado luego de haber sido resuelto el desacato con la imposición de la sanción por incumplimiento a la orden judicial. En efecto, la actitud hacia la orden específica del operador judicial después de haber sido resuelto el incidente de desacato es lo que determinará si se deja de aplicar la sanción, se deja esta sin efecto, o se revoca la declaración de incumplimiento.

Indagar sobre el objeto del incidente de desacato nos conduce a ubicar el derecho al acceso a la justicia del ciudadano, derecho reconocido en la Constitución. Ahora, si el accionado u obligado con el fallo de tutela se allana al cumplimiento de la orden específica del operador judicial después de resolverse el incidente de desacato, tal actitud muestra que ese derecho fundamental del ciudadano al acceso a la justicia, que motiva el actuar del accionante, termina finalmente realizándose o materializándose. Las posibilidades que surgen luego del allanamiento del obligado con la orden del juez constitucional pueden estar desde el mandato judicial que dispone abstenerse de aplicar la sanción, que deja esta sin efecto o que la revoca.

Por la descripción anterior se advierte que la inaplicación, la cesación de efectos y la revocatoria de la sanción por desacato como posibilidades de decisión nos entronizan a matices procesales, y recordemos que según la Corte Constitucional el desacato es una vía procesal del sistema jurídico.

Presentadas las posibilidades procesales con las que contaría el juez constitucional para resolver cuando el obligado con la orden dictada en la sentencia de tutela cumpliere su obligación después de haberse proferido la sanción luego del trámite del incidente de desacato, enseguida entramos a dilucidar sobre cada una de ellas. En este sentido, en primer orden trataremos sobre la inaplicación de la sanción. Es de recibo ubicarnos en el objeto del desacato, es decir, el cumplimiento del fallo de tutela, toda vez que lo decidido por el juez constitucional en la respectiva sentencia se debe cumplir, cumplimiento que a su vez garantiza el derecho constitucional de acceso a la administración de justicia, de contera la materialización de lo ordenado por el operador judicial, esto es, que se logre efectivamente la protección de los derechos fundamentales del ciudadano que ha acudido a la acción constitucional de tutela. Enseguida debemos ocuparnos qué es lo que se debe cumplir y por último de qué manera ha cumplido el accionado u obligado.

Al lado de lo anotado en torno al objeto del incidente de desacato, es decir, el derecho a la realización del acceso a la administración de justicia en el accionante o el beneficiado con el amparo, y la confrontación con lo que se debe cumplir y la manera como ha cumplido el obligado, es necesario articular para una mejor visualización recordar que la naturaleza del incidente de desacato es de carácter disciplinario, porque implica desarrollar los aspectos correccional y sancionatorio, de forma que se descarta una naturaleza de orden punitiva, no obstante que el incumplimiento del fallo de tutela es de carácter objetivo y la actitud de incumplir la decisión del juez constitucional es de carácter subjetivo.

Sobre la primera posibilidad, la inaplicación de la sanción, como fue descrito, en primer orden debe dilucidarse el amparo concedido al accionante o beneficiado con la sentencia de tutela, la orden precisa, que incluye término y modo de cumplirse. Ubicado estos primeros relevantes, en el otro extremo se debe verificar quién es el obligado, la orden precisa impuesta a este y la manera cómo se ha cumplido. Otra vez recordamos el objeto y la naturaleza del incidente de desacato, esto es, el derecho al acceso a la administración de justicia y su carácter disciplinario. Con el cumplimiento de la orden de tutela por parte del obligado, como también se anotó, se materializa el derecho acceso del accionante o beneficiado con el amparo a la administración de justicia, y en cuanto al carácter disciplinario de este trámite incidental, resultaría inútil sancionar a quien ha cumplido, además no se observaría el sentido de justicia y equidad, teniendo en cuenta además que en el incidente de desacato se descarta una sanción punitiva.

De otro lado, es de tener en cuenta que no obstante la inaplicación o inejecución de la sanción, la decisión que resolvió el incidente de desacato no pierde sus condiciones de legalidad, validez y eficacia, es decir, que se ha resuelto conforme con una competencia, observando la legislación y jurisprudencia para el caso, y el debido proceso, además que se ha surtido el grado de consulta en la esfera del superior jerárquico.

¿Cuál es la oportunidad para declarar la inaplicación de la sanción? Es posible que el obligado cumpla la orden de la sentencia de tutela cuando el incidente de desacato se encuentre en el despacho del superior jerárquico para resolver el grado de consulta o pudiera ocurrir que el obligado cumpla cuando el incidente de desacato ha regresado al inferior con la confirmación de la decisión que dispone la sanción para que esta sea materializada. Si el obligado informa al juez constitucional que decidió el incidente de desacato a fallo de tutela el cumplimiento de la orden y este servidor judicial ha enviado la actuación al superior jerárquico para que se surta el grado de consulta, se remitirá al superior jerárquico la documentación allegada para que este decida sobre la inaplicación de la sanción. En caso contrario, si el obligado informare del cumplimiento de la orden de tutela cuando la sanción haya sido confirmada y la actuación haya sido enviada por el superior, el juez competente para resolver será el de primera instancia.

Otra situación que puede dar lugar a la inaplicación de la sanción por desacato surge cuando el amparado o el beneficiado con la sentencia de tutela desiste del cumplimiento de la obligación o no desea que su pretensión sea cumplida por el obligado. Este desistimiento se puede presentar de manera expresa o tácita. Es cierto que en este evento el obligado no cumplió la orden dispuesta en la sentencia de tutela y por haber incurrido en desacato fue sancionado, de forma que desde un aspecto objetivo la sanción se cumpliría, pues es el resultado de un actuar contrario a lo decretado por la Administración de Justicia, es decir, estaríamos ante un hecho cumplido. Sin embargo, como no se puede materializar la orden por el desistimiento del amparado o beneficiado, decae el sentido y núcleo de la sanción, toda vez que se asimila la decisión del accionante o beneficiado como si no hubiera deseado el cumplimiento de la orden de tutela y mucho menos la apertura del incidente de desacato, así lo realizable y procedente es que se disponga la inejecución de la sanción.

Acerca de la procedencia de la cesación de efectos de la sanción por desacato, tal posibilidad nos lleva a examinar sobre los requisitos del acto procesal, esto es, la existencia, la validez y la eficacia, relevantes que nos dirigen a dilucidar si el acto judicial existió, si fue debidamente producido y si realmente produjo su efecto, de manera que, si concurren estas situaciones, creemos que es descartable dejar sin efecto la sanción toda vez que tal acto se ha realizado debidamente.

Al lado de lo anotado, se tiene que la decisión judicial ha tenido sus causas legales y ha traído de contera consecuencias legales, así, no resulta posible opacar el pronunciamiento del operador judicial o inclusive a disminuirlo, es decir, lo producido por el servidor judicial no se puede apartar del espacio jurídico procesal, se trata de un acto que existió o que nació con aptitudes de legalidad y validez y dejarlo sin efecto, es como un ejercicio de borrar lo realizado por carencia de legalidad, de validez, de justicia o conveniencia.

La revocatoria de la sanción por desacato es una posibilidad procesal que surge cuando el obligado con la orden dictada en la sentencia de tutela ha comunicado sobre el cumplimiento de la misma, sin embargo, el operador judicial no ha accedido a esa información por circunstancias internas relacionados con la organización documental o por avatares inclusive de la tecnología que han conducido a extraviar la información, es decir, por error o por caso fortuito la información comunicada por el obligado con el fallo de tutela no se recibe y al momento de decidir si no aparece el cumplimiento de la obligación, ni justificación de ello, esto conduce a declarar el desacato y en consecuencia a imponer la sanción. En este evento si el juez de primera instancia ha declarado el desacato y ha impuesto la respectiva sanción una vez enterado de la información que en efecto ha allegado el obligado con la orden de tutela, si no ha enviado la actuación al superior jerárquico para surtirse el grado de consulta, revocará la decisión proferida. Si bien pudiera reflexionarse que la competencia se ha perdido al resolverse el incidente de desacato por el juez de primera instancia, creemos que por economía procesal y toda vez que no se ha desprendido de la actuación, este servidor judicial aún tiene el control para subsanar la situación presentada, aún más, en este caso, consideramos que sería también viable dejar sin efecto la declaración de desacato, dado que se desvanecen las condiciones de legalidad y validez del acto judicial. Cuando la actuación se ha enviado al superior jerárquico y en esta circunstancia es que el juez de primera instancia se ha enterado de la comunicación que informa el cumplimiento de la orden de tutela, el a quo deberá remitirla al *ad quem* a fin de que este resuelva lo pertinente, esto es, sobre la revocatoria de la sanción por desacato o dejar sin efecto la decisión y enviarla al remitente para que se profiera una decisión que declare el cumplimiento de la orden o la abstención de declaración de desacato y de su respectiva sanción.

8. LA ACCIÓN DE TUTELA Y EL INCIDENTE DE DESACATO

Es preciso distinguir en primer orden, y para comenzar a desarrollar el presente capítulo en forma secuencial, que la decisión que resuelve el incidente de desacato a fallo de tutela es una providencia judicial, es decir, se trata del género que agruparía a la resolución del trámite incidental. En este sentido es de recibo devolvernos a la sentencia de tutela T-343 de 1998 y recordar que la acción de tutela contra decisiones judiciales no es procedente sino cuando tales actos judiciales sean producto de una actuación claramente arbitraria o caprichosa, que en consecuencia agravie el ordenamiento jurídico, y que a su vez el afectado no disponga de otro medio de defensa judicial, premisa que sostiene la protección a la intangibilidad de la cosa juzgada, como se desprende de lo precisado en ese aspecto en la sentencia de tutela T-459 de 2003, que a su vez observa la sentencia de constitucionalidad C-543 de 1992.

Por otra parte, el tribunal constitucional colombiano en la sentencia de tutela T-233 de 2018 recuerda que la jurisprudencia constitucional ha orientado sobre la acción de tutela contra providencias judiciales que resuelven en torno al incidente de desacato en el sentido de que la procedencia de esta acción constitucional en este caso es excepcional. Para el máximo órgano de la justicia constitucional inicialmente y de manera general es viable la acción de tutela contra resoluciones en el trámite del incidente de desacato siempre que se cumplan los requisitos de procedencia contra providencias judiciales y en consecuencia se constate una vulneración o una amenaza a los derechos fundamentales del sancionado.

La condición de providencia judicial trasciende con mayor intensidad sobre la decisión resolutiva del incidente de desacato toda vez que se trata de un acto judicial proveniente de un juez de la jurisdicción constitucional que es la encargada de dirimir sobre la violación o amenaza de derechos fundamentales. En este sentido la Corte Constitucional sitúa al incidente de desacato con una construcción propia, de manera que en atención a lo señalado por el tribunal constitucional en la sentencia de tutela T 343 de 1998, no solamente se debe observar si se configuró una vía de hecho, sino el propio trámite del incidente frente a la orden del juez de tutela. Se puede concluir en consecuencia que la máxima jerarquía de la justicia constitucional avisa acerca de la procedencia excepcional de la tutela en estos casos, es decir, que se obliga al operador judicial a tener en cuenta de forma estricta sobre posibles vulneraciones del derecho al debido proceso. En este caso, se comprende que la corporación se refiere a la claridad del juez en torno a lo ordenado en la sentencia de tutela, una acertada evaluación acerca el cumplimiento de la obligación del accionado, una correcta verificación probatoria, inclusive una visión acertada de los derechos de contradicción y defensa de las partes, que en efecto permite distinguir si la sanción impuesta resultó o no arbitraria.

Ante la solicitud de tutela contra la decisión que resolvió el incidente de desacato a fallo de tutela el servidor judicial observará el desarrollo del trámite mismo del incidente[42] y verificará si en tal curso se desconoció el derecho al debido proceso y como consecuencia de tal hecho se constituyó una vía de hecho[43], de manera que sea admisible la acción constitucional. Del lado del accionante deberá exponer en la solicitud de tutela razones coherentes con los argumentos esgrimidos en el incidente, y hacer valer las pruebas que hayan sido solicitadas, conocidas y analizadas en el mismo. Si esta exigencia no se cumpliera la acción constitucional no sería procedente toda vez que esta no puede ser utilizada como un remedio procesal por el interesado ante su desidia o negligencia. Asimismo, el accionante no podrá alegar cuestiones que debieron haberse debatido en el incidente o circunstancias nuevas que no fueron manifestadas, ni solicitar pruebas que no se pidieron en el trámite incidental.

¿Cuándo se puede presentar la solicitud de tutela contra la providencia que resolvió el incidente de desacato al fallo de tutela? Al respecto, la Corte Constitucional en la sentencia de tutela T-1.113 de 2005 se pronunció así: "Una vez queda en firme la decisión del incidente de desacato resulta procedente la acción de tutela". Esta precisión del tribunal constitucional nos conduce a formular sobre otra premisa. ¿En qué momento queda en firme la decisión del incidente de desacato? Al tratar sobre el grado de consulta que se surte sobre el fallo del incidente de desacato nos referimos a la sentencia de constitucionalidad C-243 de 1996. Esta sentencia de constitucionalidad describe el curso a seguir cuando el auto que contiene la decisión impone sanción al accionado o al obligado con lo dispuesto por el juez constitucional, es decir, que el pronunciamiento de ese servidor judicial debe ser objeto de consulta por parte del superior jerárquico. En ese sentido se comprende que cuando se resuelva sobre el grado de consulta se tendrá una decisión definitiva acerca del incidente de desacato a fallo de tutela en el evento que este haya finalizado con una sanción al accionado u obligado.

La Corte Constitucional en la sentencia de tutela T-583 de 2009 recuerda que esa corporación ha señalado que la acción de tutela resulta improcedente si se interpone antes de finalizar el trámite del incidente, aspecto que incluye la actuación correspondiente al grado de consulta. A esto se debe agregar que lo resuelto en el

42 Sentencia T 343 de 1998 de la Corte Constitucional.
43 Sentencia T 459 de 2003 de la Corte Constitucional.

grado de consulta debe ser notificado a los intervinientes en el mismo de manera que hasta cumplirse este trámite procesal es que se puede precisar que el incidente de desacato a fallo de tutela ha concluido de forma definitiva.

Recordemos acerca de la naturaleza procesal del incidente de desacato en el sentido de que se trata de un procedimiento especial, inclusive, de un trámite incidental distinto al que el que regula el procedimiento civil, y que como explica la Corte Constitucional en la sentencia de tutela T-554 de 1996 no hay necesidad de acudir a otros textos normativos para llenar vacíos, ni aun a los principios generales del sistema incidental del orden procesal civil, aspecto que permite comprender la primacía de la sencillez de las fórmulas procesales en torno a la acción de tutela, de manera que se garantice la celeridad, la eficiencia y la eficacia en la protección de los derechos fundamentales, que a su vez permite materializar el derecho al acceso a la justicia toda vez que se logra asegurar el cumplimiento de la decisión del operador judicial.

Por otra parte, después de hacer memoria sobre la naturaleza procesal del incidente de desacato se pueden conectar las premisas plasmadas en la sentencia de tutela T-399 de 2013 en cuanto a la precisión de que el proceso de la acción de tutela solo culmina cuando se cumplen las órdenes del juez constitucional. Esta idea a su vez conduce a implementar la notificación de la sentencia de tutela a la notificación de la decisión sobre el incidente de desacato, que incluye lo resuelto en el grado de consulta, es decir, que este último acto se debe notificar a todas las partes o intervinientes por un medio que asegure la eficacia y oportunidad de la notificación, de forma que el acto se haga público. Se infiere en consecuencia que cuando efectivamente la parte conozca el acto judicial que resolvió el incidente de desacato, incluida la providencia con la que culmina el grado de consulta, se materializa la notificación de la finalización del trámite incidental, de manera que al estar debidamente enteradas todas las partes de lo resuelto en todas las etapas procesales es que se puede afirmar que ha quedado en firme la decisión acerca del incidente de desacato.

Como quiera que la Corte Constitucional fija la oportunidad procesal de la solicitud de tutela contra la decisión que resuelve el incidente de desacato a partir de que este acto judicial queda en firme, es de recibo glosar sobre este aspecto procesal. Al respecto, la sentencia de constitucionalidad C-641 de 2002 se refiere a la decisión en firme o decisión ejecutoriada, y explica que la ejecutoria es una característica de los efectos jurídicos de las providencias judiciales, efectos que las dotan de imperatividad y obligatoriedad, efectos que a su vez se producen según la corporación cuando frente a las mismas no proceda recurso alguno; se omita su interposición dentro del término legal previsto; cuando los recursos interpuestos se hayan decidido; y cuando su titular renuncia a ellos.

La Corte Constitucional distingue dentro de los efectos que caracterizan a la decisión ejecutoriada el alcance de obligatorio cumplimiento en relación con los sujetos procesales y las autoridades públicas y la obligación de conducta que se debe acatar de forma voluntaria o coactivamente. Como el tribunal constitucional fija la procedencia de la acción de tutela contra la providencia que resuelve el incidente de desacato a partir de la ejecutoria de esta se comprende que al quedar en firme esta providencia y de contera alcanzar el carácter de obligatoriedad y acatamiento a lo decidido en el trámite del incidente de desacato surgirá el presupuesto fáctico que constituirá a su vez la legitimidad procesal de la acción constitucional.

La referida sentencia de tutela T-1.113 de 2005 remite a un presupuesto de fondo. La Corte Constitucional determina como necesario para que la acción de tutela prospere que se compruebe la vulneración de derechos fundamentales de alguna de las partes con la decisión sobre el incidente de desacato. Agrega la corporación que ha considerado procedente el amparo cuando el juez que decide el desacato se extralimita en el cumplimiento de sus funciones, cuando vulnera el derecho a la defensa de las partes o cuando impone una sanción arbitraria.

Se distingue de la sentencia de tutela T-1.113 de 2005 que la Corte Constitucional recapitula acerca de la procedencia de la acción de tutela contra la decisión que resuelve el incidente de desacato. En esa dirección tenemos precisos presupuestos que decanta la alta corte: que los argumentos del accionante en el trámite del incidente de desacato y en la acción de tutela sean consistentes; que no existan alegaciones nuevas, que debieron ser argumentadas en el incidente de desacato; que no se recurra a la solicitud de nuevas pruebas que no fueron originalmente solicitadas y que el juez no tenía que practicar de fondo.

Otras premisas observadas por el tribunal constitucional se dirigen al ejercicio al ejercicio del juez constitucional. Al servidor judicial la corporación le previene a limitarse al estudio del trámite y la decisión adoptada, de manera que el operador judicial no puede entrar nuevamente al fondo del asunto y abrir el debate considerado y resuelto en la sentencia de tutela. La Corte Constitucional enfatiza en un imperativo, esto es, no se debe revisar la decisión original que protegió el derecho o cambiar el alcance o el contenido sustancial de las órdenes que profirió el juez que decidió la primera acción de tutela cuyo desacato se estudia.

Otro aspecto anota la sentencia de tutela T-1.113 de 2005. La Corte Constitucional decanta que el juez que conoce de la acción de tutela contra la decisión judicial que declara el desacato debe limitarse a estudiar si el operador judicial que resolvió el incidente actuó de acuerdo con el acto judicial original, si respetó el debido proceso de las partes y si la sanción impuesta no ha sido arbitraria.

De los lineamientos plasmados en la sentencia de tutela T-1.113 de 2005 encontramos que algunos se refieren al accionante y otros al servidor judicial, es decir, el juez constitucional. En ambos casos, en torno al actor y al del operador judicial, se hallan presupuestos de procedibilidad y de fondo. En lo que atañe a relevantes de procedibilidad tanto el actor como el juez deben verificar que la decisión con la que finalizó el incidente de desacato se encuentre en firme. Al juez le corresponderá examinar acerca del contenido de la solicitud de tutela, especialmente constatar que no se trate de hechos nuevos, sino a hechos expuestos en el incidente, que no se presenten nuevas pruebas o distintas a las solicitadas en el trámite de tutela y que no se tenían que practicar de oficio. Seguidamente el juez estudiará el trámite del incidente, el respeto al debido proceso de las partes, si se actuó teniendo en cuenta el fallo de la primera acción de tutela y finalmente, se explorará la justicia de la decisión.

Como ejercicio previo y metodológico, es de recibo que el accionante revise la decisión con la que finalizó el incidente de desacato y compruebe si en efecto el juez vulneró derechos fundamentales. Luego de esta primera observación seguiría el examen al curso del incidente a efecto de distinguir cómo o de qué manera se configuró la vía de hecho.

Acerca del contenido de la solicitud de tutela, observamos en la sentencia de tutela T-459 de 2003 que la Corte Constitucional exige acerca de las razones que se expongan en el escrito de tutela que estas sean coherentes con los argumentos esgrimidos, aspecto que nos permite inferir en el sentido de que el accionante deberá ser preciso al describir los hechos, además que estos se conecten con lo presentado, tramitado y debatido en el incidente de desacato.

En la sentencia de tutela T-123 de 2010 la Corte Constitucional formula otro aviso. La corporación hace notar que se debe observar como premisa que la providencia mediante la cual se resolvió el incidente de desacato es susceptible de ser cuestionada a través de la acción de tutela porque es una decisión judicial. A esto se articula que tratándose de una decisión judicial se deberán acreditar los requisitos generales y específicos decantados por la doctrina constitucional para formular la acción constitucional contra providencia judicial.

La sentencia de tutela T-123 de 2010 se apoya en la sentencia de tutela T 1.113 de 2005, sin embargo, también la Corte Constitucional se refiere a pronunciamientos anteriores, por lo cual recoge una conclusión. En efecto, la alta corte dictamina que el carácter subsidiario de la acción de tutela contra decisiones judiciales implica que el amparo deba dirigirse exclusivamente contra la decisión que pone fin al incidente toda vez que resulta inadmisible contra actuaciones anteriores comoquiera que ante ellas se tendría la posibilidad de ejercer las acciones y recursos ordinarios dentro del mismo incidente.

El lineamiento descrito que elabora la Corte Constitucional nos dirige hacia una perspectiva, esto es, plantear dos alternativas desde el lado del accionante. El accionante podría accionar contra la decisión del incidente, sin embargo, debe observar el trámite del mismo a fin de plasmar de mejor forma los hechos en la acción constitucional, teniendo el cuidado de no incluir nuevos hechos y no intentar la práctica de nuevas pruebas. La segunda alternativa que se advierte desde el accionante es accionar contra la decisión del incidente de desacato concentrándose únicamente en esta, así, su planteamiento en el libelo comprendería los relevantes fácticos que abordan solamente el aspecto resolutivo, ejercicio dirigido con argumentos que permitan visualizar que la decisión se produjo violando derechos fundamentales y finalmente la dirección tomada por el juez fue errada.

Anotados los relevantes que accionante y operador judicial deberán tener en cuenta, articulemos la regla que halla la Corte Constitucional. La alta corte establece el presupuesto a acreditarse para que proceda la solicitud de tutela contra la decisión que resuelve el incidente de desacato: que se estructure una causal de procedibilidad de tutela contra decisiones judiciales y que el trámite del incidente hay finalizado con una decisión debidamente ejecutoriada. En este sentido tenemos una visión constitucional conectada con un carácter procesal, como quiera que desde esta orilla debe surgir la contradicción entre lo probado, argumentado y decidido. Es decir, la contradicción señalada, para que sea procedente la solicitud de tutela contra el pronunciamiento en el incidente de desacato, debe trascender de tal manera, que se produzca la configuración de causales de procedibilidad que el tribunal constitucional exige para impetrar el amparo contra providencia judicial.

La Corte Constitucional es más vertical en la citada sentencia de tutela T 123 de 2010. La corporación al conectar la procedencia de la acción de tutela contra la sentencia que resuelve el incidente de desacato con el examen de los mismos parámetros de la acción constitucional contra providencia judicial logra determinar el ejercicio del juez constitucional. Este ejercicio, de acuerdo con la alta corte, se centra en la verificación del cumplimiento de requisitos formales y específicos que a su vez permitan observar la estructuración de la violación de los derechos fundamentales al debido proceso y al acceso a la administración de justicia. Podríamos agregar a esta precisión de la Corte Constitucional que el mismo tribunal constitucional en otra sentencia de tutela, T 399 de 2013, recomienda de forma clara en el sentido de que el juez de tutela debe obedecer los criterios de procedencia del amparo constitucional y el material probatorio que le presentan las partes, además del que consideren necesario solicitar a fin de proteger derechos fundamentales.

En la sentencia de unificación SU 034 de 3 de mayo de 2018 la Corte Constitucional revisa el precedente desarrollado en torno al incidente de desacato. En el fallo el tribunal constitucional revisa una acción de tutela que resuelve en primera instancia la Sala de Casación Civil de la Corte Suprema de Justicia. Esta sala niega la protección constitucional al considerar que las decisiones sancionatorias proferidas en el trámite de tres desacatos no fueron infundadas o caprichosas. En segunda instancia la Sala de Casación Laboral de la Corte Suprema de Justicia expuso que dentro del incidente de desacato no ocurrió vulneración del derecho a la defensa y contradicción y también considera que las sanciones no fueron infundadas o caprichosas.

La Corte Constitucional verifica en primer orden los requisitos generales de procedencia de la acción de tutela contra providencia judicial como quiera que el accionante se dirige en la acción constitucional contra decisiones judiciales. El tribunal constitucional con base en la sentencia de constitucionalidad C 590 de 2005 comprueba el cumplimiento de los requisitos generales, además, encuentra que las providencias acusadas incurrieron en defecto sustantivo por desconocimiento del precedente. En efecto precisa la alta corte que tales providencias hicieron caso omiso en atender la jurisprudencia conforme con la cual el juez está revestido de singulares atribuciones para modular las órdenes impartidas en sentencia cuando se trate de órdenes de tutela que impliquen complejidad en su ejecución inmediata.

La corporación realiza una construcción sobre la procedencia excepcional de la acción de tutela contra providencias que ponen fin al trámite incidental de desacato. La conclusión, para censurar por vía de tutela una providencia que se dicte al interior de un incidente de desacato es necesario que el respectivo trámite haya culminado, inclusive teniendo en cuenta el grado jurisdiccional de consulta, porque es la instancia obligatoria donde la sanción por desacato cobra firmeza.

Por otra parte, algo que visualiza de forma determinante la Corte Constitucional es la consideración en torno a la actitud del juez constitucional que asuma la acción de tutela contra el acto judicial proferido dentro de un incidente de desacato. En esta dirección el tribunal constitucional define que el juez solo está autorizado para examinar la observancia del debido proceso al interior del trámite y la adecuación de la decisión adoptada en virtud del mismo. Sin embargo, señala la alta corte, el juez no puede revisar, cuestionar o modificar la decisión de tutela, el alcance o contenido sustancial de las órdenes impartidas por el juez de tutela, únicamente aquella que sea de imposible cumplimiento o sea ineficaz para garantizar la efectividad del derecho fundamental amparado. El colofón de la corporación es que en el ejercicio de sus atribuciones el juez constitucional se ha de ceñir al trámite incidental objeto de estudio.

La máxima jerarquía de la justicia constitucional desea ser más clara. En efecto, anota que no se pueden cuestionar los juicios y valoraciones en los que se basó la sentencia de tutela que sirvió a su vez de parámetro para decidir el incidente de desacato o la solicitud del cumplimiento de la sentencia, porque esta ha hecho tránsito a cosa juzgada, de esta manera el ejercicio consiste en proceder a verificar si la decisión que puso fin al trámite incidental estuvo precedida de todas las garantías procesales, además, si su contenido se ajustó o no a lo ordenado en la sentencia de tutela inicial, aspecto que determinará la procedencia de la acción de tutela contra providencia judicial y en consecuencia evaluar si ocurrió una violación *iusfundamental*.

De otra parte, con respecto al accionante la Corte Constitucional también precisa una orientación. El tribunal constitucional indica al accionante que debe circunscribir la censura a los reproches que previamente haya planteado en el marco del trámite incidental. Ante esta aclaración de la alta corte, le queda al juez constitucional revisar que efectivamente el accionante haya realizado el ejercicio referido.

Después de plasmar las anteriores orientaciones la Corte Constitucional elabora las siguientes conclusiones: los argumentos del accionante en el trámite del incidente de desacato y en la acción de tutela deben ser consistentes; no deben existir alegaciones nuevas, dado que las alegaciones debieron ser aducidas en el incidente de desacato; no se puede recurrir a la solicitud de nuevas pruebas, que no fueron originalmente solicitadas y que el juez no tenía que practicar de oficio.

El tribunal constitucional finalmente recuerda el trazado de la jurisprudencia de la misma corporación en torno a los requisitos generales a tener en cuenta: la decisión dictada en el trámite del incidente de desacato debe estar ejecutoriada; se deben acreditar los requisitos generales de procedencia de la acción de tutela contra providencias judiciales y sustentar, por lo menos, la configuración de una de las causales específicas; los argumentos del promotor de la acción de tutela deben ser consistentes con lo planteado en el trámite del incidente de desacato, de manera que no puede allegar nuevas alegaciones que no formuló en el incidente de desacato, y no puede solicitar nuevas pruebas, distintas a las pedidas en un principio y que además el juez no tenía la obligación de practicar.

De otra parte, en la comentada sentencia de unificación SU 034 de 2018 la Corte Constitucional destaca el examen acerca de la responsabilidad subjetiva del accionante al momento de resolverse el incidente de desacato. En este sentido, el tribunal constitucional dilucida que es imprescindible tal evaluación para determinar en torno al cumplimiento de órdenes dictadas en la sentencia de tutela porque considera que este aspecto es parte del precedente jurisprudencial en cuanto a la finalidad del incidente. Se comprende en consecuencia la trascendencia de examinar el comportamiento del accionado cuando el accionante se dirija al juez constitucional a través de la acción de tutela invocando su queja frente a fallo del incidente de desacato.

Otro aspecto plasmado en la sentencia SU 034 de 2018 por la Corte Constitucional, y que va dirigido a la autoridad judicial, se refiere a la argumentación que deberá desarrollar el juez constitucional. El tribunal constitucional halla como fundamental para resolver en el incidente de desacato observar factores objetivos y factores subjetivos. Estos relevantes permiten valorar el cumplimiento de una orden de tutela. Los siete factores objetivos enlistados por el tribunal constitucional son: la imposibilidad fáctica o jurídica de cumplimiento; el contexto que rodea la ejecución de la orden impartida; la presencia de un estado de cosas inconstitucional; la complejidad de las órdenes; la capacidad funcional de la persona o institucional del órgano obligado para hacer efectivo lo dispuesto en el fallo; la competencia funcional directa para la ejecución de las órdenes de amparo y el plazo otorgado para su cumplimiento.

Consideramos que la ordenación de los factores objetivos precisados por la Corte Constitucional pudiera ser optimizada, por lo cual sugerimos la siguiente: La persona a quien se le obligó el cumplimiento de la orden del juez constitucional, la competencia funcional directa para la ejecución de las órdenes de amparo y la capacidad funcional de esta. Estos tópicos corresponden o atañen al obligado con el cumplimiento de la sentencia de tutela. El siguiente factor sería el término otorgado para el cumplimiento de la orden. Por último, agruparíamos los factores que conciernen al entorno externo que podría incidir para el cumplimiento de lo dispuesto por la justicia constitucional: la posibilidad o imposibilidad fáctica o jurídica de cumplimiento, el contexto que rodea la ejecución de la orden impartida y la presencia de un estado de cosas inconstitucionales.

Acerca de los aspectos subjetivos a observar en el incidente de desacato a fallo de tutela, la Corte Constitucional se refiere a ellos como circunstancias. Anota el tribunal constitucional que el juez debe verificar la responsabilidad subjetiva- esto es, dolo o culpa- del obligado, si existió allanamiento a las órdenes, y si el obligado demostró acciones positivas orientadas al cumplimiento. Aclara la alta corte que estos factores son enunciativos, porque el juez al verificar el cumplimiento puede apreciar otras circunstancias que le permitan evaluar la conducta del obligado en atención a las medidas para proteger el derecho amparado, que se dispusieron en el fallo.

9. ¿ES APLICABLE EL PRINCIPIO DE INMEDIATEZ AL INCIDENTE DE DESACATO?

De la jurisprudencia constitucional[44] se comprende acerca del principio de inmediatez que este implica un análisis de razonabilidad frente al plazo para presentar la solicitud de tutela a fin de observar los derechos de terceros, es decir, quienes no son accionantes ni accionados, pero pueden ser afectados con la sentencia de tutela porque se ha generado una situación jurídica a su favor o se hallan obligados a responder la queja del solicitante[45], por lo cual pueden ser citados por el juez constitucional, la seguridad jurídica y la autonomía judicial.

El tratadista Diego León Martínez en su texto "El principio de inmediatez en la acción de tutela" concibe a este principio como una creación jurisprudencial que tiene como objetivo salvaguardar la seguridad jurídica y los derechos de terceros al establecer un tiempo razonable para la posibilidad de la protección de los derechos fundamentales mediante la acción de tutela. Sobre ese término razonable el doctor Diego León Martínez lo describe como relativo y de aplicación subjetiva de acuerdo con las circunstancias específicas de cada caso concreto[46].

En atención a la construcción de la Corte Constitucional y la formulación que hace el tratadista Diego León Martínez, ubicaríamos al principio de inmediatez como una edificación de la jurisprudencia constitucional que indica un análisis razonable que comprendemos relativo y subjetivo sobre las circunstancias que soportan el plazo para presentar la solicitud de tutela, de manera que no afecte derechos de terceros, la seguridad jurídica y la autonomía judicial. Así, podríamos glosar más acerca de este principio, pudiendo distinguir unos elementos precisos: un análisis, unas circunstancias, el tiempo tomado por el accionante y las repercusiones en la dispensación de justicia en caso de aceptarse el plazo del accionante.

¿Cuáles son las razones por las que la Corte Constitucional desarrolla sobre el principio de inmediatez? Inicialmente, se descarta la tardanza en la presentación

---

44 Laura Estephanía Huertas Montero, Tutela jurisdiccional diferenciada vs Debido proceso. La acción de tutela y sujetos vinculados, Universidad Externado de Colombia, Bogotá, 2023, pp. 98-99.

45 Sentencias SU 961 de 1999 y T 529 de 2012 de la Corte Constitucional.

46 Diego León Martínez, El principio de inmediatez en la acción de tutela, 2a ed., Dike S.A.S. Editorial Santiago de Cali, Medellín, p. 50.

de la solicitud de tutela en consideración a que la acción constitucional tiene por objeto la protección concreta e inmediata de los derechos constitucionales fundamentales cuando estos sean violados o resulten amenazados. Otra consideración de la corporación se sostiene en el sentido de la situación que afecta el derecho fundamental, esto es, una situación actual e inminente.

La Corte Constitucional insiste en que la acción de tutela es un mecanismo directo que a su vez se conecta una actuación preferente y sumaria. Se hace necesario desarrollar una estructura racional que preserve y enaltezca la esencia de la acción de tutela. En esa dirección, el principio de inmediatez procesa si el accionante ha atendido los elementos descritos, sin olvidar las situaciones excepcionales, que, además, no desdibujarían la naturaleza de la acción constitucional.

De lo trazado hasta ahora, se han distinguido relevantes precisos en torno al principio de inmediatez, esto es, un análisis de circunstancias, el tiempo asumido por el accionante y las repercusiones en la dispensación de justicia en caso de aceptarse el plazo del accionante, es decir, la afectación que se pudiera producir en cuanto a los derechos de terceros, en torno a la seguridad jurídica y en lo atinente a la autonomía judicial. Corresponde enseguida visibilizar el camino que nos ayudare a tratar de mejor forma los aspectos enunciados.

La sentencia de tutela T 1028 de 2010 de la Corte Constitucional precisa algunos eventos en los cuales se podría justificar la tardanza en la presentación de la solicitud de tutela. En este sentido una primera situación ocurre cuando surgen razones válidas en las que se incluyen la fuerza mayor, el caso fortuito, la incapacidad o imposibilidad del actor para formular la solicitud de tutela en un término razonable, la ocurrencia de un hecho completamente nuevo y sorpresivo que hubiere cambiado significativamente las circunstancias.

El segundo suceso justificativo de la tardanza en la presentación de la solicitud de tutela, según la citada providencia, ocurre cuando a pesar del paso del tiempo, la vulneración o amenaza de derechos fundamentales del accionante permanece. La tercera posibilidad que fija la Corte Constitucional como justificación de la prolongación en el tiempo de presentación de la solicitud de tutela se estructura cuando la carga para interponer la acción de tutela en un plazo razonable resulta desproporcionada ante la situación de debilidad manifiesta del accionante.

El principio de inmediatez en el escenario de acciones de tutela contra providencias judiciales se torna más preciso, exigente y riguroso. A pesar de que no se fija un término exacto la Corte Constitucional ha previsto que se debe examinar un motivo válido para justificar la inactividad del accionante, si se vulneran derechos a terceros, si existe un nexo causal entre el ejercicio tardío en la presentación de la solicitud de amparo, la vulneración de los derechos fundamentales del interesado, además, se requiere verificar si el fundamento de la acción de tutela surgió después de sucedida la actuación violatoria de derechos fundamentales en un plazo no muy alejado de la fecha de interposición de la acción constitucional. Sin embargo, es de recibo anotar que el tribunal constitucional acepta otras situaciones para morigerar el principio de inmediatez: las prestaciones periódicas, la población desplazada, la afectación permanente en el tiempo del derecho y la especial condición del accionante.

Después de precisar las conceptualizaciones básicas sobre el principio de inmediatez tenemos herramientas a fin de examinar sobre la aplicación de este en el incidente de desacato. En ese sentido el análisis corresponde sobre unas circunstancias, el tiempo tomado por el accionante, quien ahora sería incidentista, para solicitar la apertura del incidente, y las repercusiones en la dispensación de justicia, en caso de aceptarse tal plazo, en torno a los derechos de terceros, la seguridad jurídica y la autonomía judicial.

Iniciando el examen, un primer escenario se nos evidencia en frente: el fallo de tutela dictado, las órdenes dispuestas y a quiénes se han impuesto tales órdenes. Al lado de esto se encuentra la posibilidad real de que las órdenes impartidas por el juez constitucional se puedan cumplir, inclusive, el lapso de tiempo dispuesto para su cumplimiento y los mecanismos con que cuenta el obligado para obedecer la sentencia de tutela, de manera que nos hallamos ante aspectos cualificados y de cara a la reflexión que deberá realizarse acerca del tiempo que tendría el accionado para cumplir.

Si se tratare de órdenes complejas, no solamente se debería observar en la actitud del accionante para presentar la solicitud de apertura de incidente motivos como la fuerza mayor y el caso fortuito, sino la prudencia asumida por el accionante, quien decide el tiempo para formular su solicitud con base en la complejidad de las órdenes contenidas en la sentencia, y la retarda de forma consciente. Creemos también, como sucede ante el análisis del plazo razonable frente a la solicitud de tutela, que es de recibo advertir sobre la incapacidad o imposibilidad del actor para presentar la solicitud de apertura del incidente de desacato. Aún más, debe verificarse si ha ocurrido un hecho completamente nuevo y sorpresivo, como sucedería en el evento de la solicitud de tutela, que hubiere cambiado significativamente las circunstancias.

Acerca de las circunstancias que rodearían al accionante para solicitar la apertura del incidente de desacato, estas son hechos, situaciones, condiciones, entornos, obstáculos o impedimentos, definitivos o temporales, que influyen en el accionante con respecto al tiempo para presentar la solicitud de apertura de incidente de desacato. En el accionado se pueden presentar circunstancias, como las que suceden en el entorno del accionante, que inciden en el tiempo para el cumplimiento de la orden del juez constitucional. Es decir, que es posible que se articulen circunstancias en el accionante y en el accionado de forma que en cuanto al factor temporal el accionante retardaría la interposición de la solicitud de apertura de incidente de desacato ante la presencia de condiciones adversas y porque esperaría que las circunstancias que impiden el cumplimiento de la orden de tutela en el accionado fuesen superadas para después sí exigir el acatamiento a lo dispuesto por la justicia constitucional.

Tanto en el accionante como en el accionado se requiere verificar sobre la permanencia de la vulneración del derecho, es decir, de qué manera incide el tiempo utilizado por ambas partes si continúa la afectación o amenaza del derecho. ¿Cómo se desarrollaría esta posible dinámica? En el caso del accionante, si la afectación al derecho continúa no se realizaría la materialización de la protección del mismo, de manera que el acceso a la justicia no se cumpliría plenamente, por lo cual se abre la posibilidad de insistir en la solicitud de apertura de incidente de desacato. Al respecto preguntaríamos si la condición desfavorable del accionante supera el tiempo que haya tardado para solicitar la apertura del incidente de desacato.

En el accionado es factible que suceda que aunque hubiese transcurrido cierto tiempo sin que se presentare la solicitud de apertura de incidente de desacato, este no haya cumplido con la orden que ha dispensado la Administración de Justicia, En este caso, no previéndose la aplicación en la acción de tutela de figuras como la caducidad y la prescripción, y si la vulneración del derecho continuara, permanecería incólume la obligación de realizarse el incidente, más si se trata de prestaciones a favor de personas protegidas, o de prestaciones de alto nivel que impliquen por ejemplo derechos fundamentales como la salud, la vida, la libertad, y colectivos como el medio ambiente.

Sobre el tiempo tomado por el accionante para presentar la solicitud de apertura de incidente de desacato pudiera este hecho tener repercusión frente a terceros. Al tratar acerca de este escenario tenemos que previamente existe una decisión proferida en el trámite de la acción de tutela que pudiera haber incluido la necesaria intervención de terceros, es decir, que la aparición de personas naturales o jurídicas distintas a las partes dentro del trámite de la acción constitucional ha sido ventilada previamente, de manera que en este caso los terceros conocen de la orden dada por el juez constitucional. Sin embargo, frente a los terceros aparece el aspecto relacionado con la seguridad jurídica porque estos se encuentran expectantes ante el cumplimiento del accionado y el interés o despliegue de la pretensión del accionante.

¿Cómo incidiría el tiempo dispuesto por el accionante para solicitar la apertura del incidente de desacato en la administración de justicia? Consideramos que la administración de justicia se afectaría en su funcionamiento, esto es, porque el relevante temporal influiría en la disponibilidad sobre la actuación que terminó con la sentencia de tutela. Por ejemplo, para efecto de archivar la respectiva actuación que contiene el trámite de la acción de tutela resulta pertinente fijar la obligación tanto en el accionante como en el accionado de comunicar al juez de tutela que las órdenes han sido cumplidas, además observando que los únicos medios coercitivos para materializar el derecho amparado son la solicitud de apertura de incidente de desacato, la exigencia del cumplimiento del fallo y la conducta oficiosa del juez constitucional para hacer cumplir lo dispuesto como operador judicial de la jurisdicción constitucional.

A manera de colofón se pueden formular algunas conclusiones sobre la posible intervención del principio de inmediatez en el incidente de desacato a fallo de tutela. En primer orden precisamos que la aplicación del principio de inmediatez en esta etapa implica de un lado exigir al accionante un tiempo prudente en torno a la presentación de la solicitud de apertura de incidente de desacato, y al igual que acontece en la presentación de la solicitud de tutela, se tendrían las fijadas en esta acción por la Corte Constitucional, esto es la fuerza mayor, la permanencia en la vulneración o amenaza del derecho y la situación de debilidad manifiesta en el accionante[47].

De acuerdo con lo descrito, el análisis a practicar es si se pudiera o no disponer la apertura del incidente de desacato por parte del juez constitucional. El análisis a realizar conlleva observar la manera como se debe cumplir la orden dictada en la sentencia, ejercicio que constituiría dilucidar sobre el aspecto objetivo. Además de verificar el señalado aspecto objetivo, se deben observar las condiciones, circunstancias y actitudes del accionante, lo cual aportaría elementos de juicio en el sentido de tener en cuenta las causales que admitirían una presentación tardía de la solicitud de apertura de incidente de desacato al fallo proferido. En todo caso, el tiempo continuará siendo el primer objeto de examen o el elemento a no faltar en una relación con las situaciones halladas en el accionante. Así, la ecuación a resolver es si se justifica el tiempo empleado por el accionante para formular ante el juez la solicitud de apertura de incidente de desacato frente a los acontecimientos que rodean al accionante.

Visto lo anterior, si se examinan todos los relevantes fácticos que se hallaren alrededor del accionante se verificaría la configuración o no de situaciones de fuerza mayor o caso fortuito, la prudencia del actor al advertir y ponderar la complejidad de la orden, hechos nuevos, la actual vulneración o amenaza del derecho, es decir, si aún se sufre la afectación hacia el derecho y la clase de orden. Sin embargo, también deben observarse los aspectos enlistados y confrontarlos con otros derechos

---

47 Sentencias SU 961 de 1999 y T 529 de 2012 de la Corte Constitucional.

que podrían afectarse, es decir, los derechos de terceros, la seguridad jurídica y la autonomía de la justicia.

Desde el escenario del accionado en un sentido técnico jurídico inicialmente el principio de inmediatez no sería aplicable, dado que la carga de presentación de la solicitud de apertura de incidente de desacato en el plazo razonable se encuentra a cargo del accionante, sin embargo, su eventual conexión con este extremo podría acontecer si el incumplimiento del obligado hiciere permanecer en el accionante la legitimidad para actuar, de manera que la inmediatez no se exigiera. Asimismo, el accionado pudiera invocar como excepción para cumplir la orden de tutela, la ausencia del plazo prudente de parte del accionante. Empero, es de aclarar que el mero retardo en el accionante para formular la solicitud de apertura de incidente de desacato no puede indicarle de manera expedita una exoneración del deber de cumplimiento de la orden porque se estaría visualizando exclusivamente un lado.

En atención a las glosas anotadas, el operador judicial verificará sobre la hipotética aplicación del principio de inmediatez en ambos extremos, el del accionante y el del accionado. En el accionado debe practicarse el análisis sobre la clase de orden, su complejidad y el tiempo dispuesto en la sentencia para cumplir la obligación y la responsabilidad asumida hacia el cumplimiento de la decisión judicial. De otra parte, en el accionante debe mirarse su situación de vulnerabilidad. Es decir, que tanto en el accionante como en el accionado es conveniente racionalizar sobre sus actitudes y circunstancias.

10. CONCLUSIONES

El incidente de desacato a fallo de tutela implica en principio un procedimiento articulatorio, aplicativo y de carácter secuencial, con respecto a la sentencia de tutela, acto judicial en el cual se resuelve el amparo al derecho fundamental vulnerado al solicitante y se imparte la orden que permita materializar o hacer realidad la decisión del juez constitucional. Sin embargo, a pesar de su condición accesoria o secundaria frente a la sentencia de tutela, el cumplimiento de la orden de tutela a través del incidente de desacato convierte a este en un protagonista del acceso a la administración de justicia.

En efecto, hasta que no se cumpla la orden dictada en la sentencia de tutela no se configura la realidad del amparo concedido por el juez constitucional, de manera que la iniciativa del amparado se constituye en el impulso procesal hacia la efectividad de la justicia. En este sentido, es de recordar que el acceso a la administración de justicia no se escenifica simplemente con la oportunidad de usar medios que alleguen al servidor judicial las pretensiones a las que aspira el usuario, sino con la decisión judicial y el cumplimiento de la misma. Al lado de esto, en el primer capítulo anotamos que el tribunal constitucional colombiano elucida en la sentencia de tutela T 399 de 2013 acerca del proceso de la acción de tutela que este solo culmina cuando se ha dado cumplimiento a las órdenes del juez de tutela, toda vez que según la corporación éstas buscan restituir la integridad de los derechos fundamentales vulnerados y sin su efectivo cumplimiento la acción de tutela incoada resultaría inocua.

Además de su condición articulatoria, en cuanto a su esencia, el incidente de desacato a fallo de tutela es un instrumento de carácter procesal y al mismo tiempo tiene desde lo sustantivo un sentido disciplinario ante el incumplimiento de un deber, esto es, obedecer la orden decretada en la sentencia de tutela. Así, el incidente de desacato, en principio desde lo teórico, tiene unos contenidos de características operativas, de manera que se presenta una expectativa de que tal teoría sea en efecto aplicada y se obtenga el cumplimiento del ordenamiento jurídico, la materialización del acto judicial del juez constitucional y la sanción al obligado con la orden de amparo debido al incumplimiento de esta.

La doctrina distingue a los incidentes como procedimientos accesorios, y desde el aspecto procesal también el incidente de desacato tiene una condición procesal accesoria, es decir, se halla ligado a algo principal, naturaleza accesoria que explica la Corte Constitucional en la sentencia de constitucionalidad C 367 de 2014, sin embargo, la misma corporación enseña que ese incidente, que cuenta con reglamentación legal, es un incidente especial, porque se trata de un incidente que va encaminado al cumplimiento sustantivo de una sentencia proferida por un juez constitucional que protegió un derecho fundamental.

Se insiste además en que el incidente de desacato a fallo de tutela es un incidente distinto, como quiera que. a pesar de tener un tinte sancionatorio, que acarrea arresto y multa para el accionado contumaz hacia el cumplimiento de la sentencia de tutela, no contiene un sentido punitivo, ni contiene estructuras procesales propias del procedimiento civil. El tribunal constitucional colombiano precisa sobre el incidente de desacato a fallo de tutela que este no requiere para su desarrollo articularse con otros preceptos legales o dirigirse a otros estatutos a través de remisiones, tal como lo hizo en la sentencia de tutela T 554 de 1996. Esto implica, según la alta corte, que no hay necesidad de acudir a otros textos normativos para llenar vacíos, ni siquiera a los principios generales del sistema incidental del orden procesal civil, de lo que se puede colegir que su estructura o composición es completa. Sin embargo, el incidente de desacato coincide con los incidentes previstos en ordenamientos procesales ordinarios en torno a una característica que atañe a todo incidente, esto es, su sencillez, agilidad y etapas precisas.

Desde otro ángulo, el incidente de desacato a fallo de tutela, como instrumento procesal disciplinario, configurado hacia el cumplimiento de una decisión judicial, apoya postulados de orden institucional que garantizan el desarrollo de una mejor convivencia social dentro de una comunidad. Esto es así, teniendo en cuenta que el cumplimiento de actos judiciales asegura los principios de confianza legítima, de buena fe, de seguridad jurídica, de responsabilidad jurídica, tanto de particulares como de servidores públicos, de manera que se allana la posibilidad hacia el funcionamiento real de un Estado social de derecho.

En efecto, con la configuración del incidente de desacato por parte del legislador se presentan las posibilidades hacia el logro de fines estatales relacionados con el control por parte de la institucionalidad sobre los administrados, en atención a esa relación de especial sujeción, toda vez que el juez constitucional, como lo indica la Corte Constitucional, cuenta con un poder para asegurar sus fallos, además, recordando que el acto judicial denota la soberanía del Estado que se ejerce por los órganos a los que se les atribuye la función de administrar justicia a fin de satisfacer intereses generales, y aplicar el derecho sustancial a un caso concreto. Esto es así, porque el acto judicial tiende a manifestarse como imperioso, como quiera que los poderes de la jurisdicción influyen al acto que emana de ella con el mismo tinte. Al lado de esto, el acto judicial tiene contenidos propios como los de coherencia, unidad y plenitud.

De acuerdo con la anterior descripción, como el incidente de desacato implica un procedimiento preciso hacia el cumplimiento de una sentencia que ha dispuesto el amparo de un derecho fundamental, que se debe materializar a través de la realización de una orden del mismo servidor judicial, que además se halla compuesto de actos judiciales sustentados en una matriz apta para generar justicia, como es la jurisdicción, el ejercicio de este nos dirige a nociones axiológicas, ontológicas, de validez y de eficacia, de manera que estos tonos que identifican a este instrumento ayudan a vislumbrar posibilidades de ejecución, a pesar de las eventuales dificultades que se presentaren en el trayecto que inicia el accionante y que concluye con el pronunciamiento del juez constitucional.

Al comienzo de estas conclusiones anotamos que el incidente de desacato implica en principio un procedimiento articulatorio, aplicativo y de carácter secuencial. Al lado de esto, y de manera general, el incidente de desacato se proyecta a impulsar un aspecto procesal principal, la sentencia de tutela, sin embargo, después de haberse tutelado el derecho fundamental y determinarse la orden que conduce a materializar el amparo, el escenario que se configura en adelante entre las mismas partes es distinto. En efecto, al accionante se le plantea una nueva pretensión procesal, después de haber desplegado un primer esfuerzo, como es el acudir ante el juez constitucional a exponerle que se ha presentado una violación o amenaza a un derecho fundamental, como consecuencia de una acción o de una omisión.

La nueva pretensión procesal del accionante se invoca a través de otro camino procesal previsto, también, como la solicitud de tutela, con un sentido de prontitud, celeridad y eficacia, postulados necesarios hacia un buen desempeño en el ejercicio de administrar justicia, como lo precisó la Corte Constitucional en la sentencia de constitucionalidad C 037 de 1996. Si para el caso de la acción de tutela el constituyente configura un procedimiento sumario, sencillo, ágil, entre otras características, para el evento del incidente de desacato es el legislador el que estructura un procedimiento con igual esencia, no obstante, que a través de la sentencia de constitucionalidad C 367 de 2014 la Corte Constitucional solucionó una defecto legislativo de omisión, al fijar que el incidente de desacato se debe resolver en diez días, término que no se hallaba reglado en el artículo 52 del decreto 2591 de 1991, agregando la corporación unas excepciones, como necesidad de la prueba y aseguramiento del derecho de defensa del obligado, justificación objetiva y razonable y justificación explícita en una providencia judicial.

En cuanto al esfuerzo hacia la realización de una nueva pretensión procesal, el cumplimiento de la orden contenida en la sentencia de tutela, este se encamina a demostrar la ausencia de diligencias efectivas por parte del obligado hacia el allanamiento de la orden dictada en la sentencia de tutela. Cuando presentó la solicitud de tutela el accionante, de acuerdo con el artículo 14 del decreto 2591 de 1991, tenía como carga sostener la violación o la amenaza de un derecho fundamental, es decir, debía identificar el derecho fundamental afectado, sosteniendo tal situación expresando con la mayor claridad posible la acción o la omisión del accionado. Esta vez, tiene otra carga, además de señalar que las acciones u omisiones del accionado le violaron o amenazaron un derecho fundamental y que por el acaecimiento de tales relevantes fácticos el mismo fue tutelado, le corresponde demostrar que al tutelado no lo ha compelido una decisión judicial, y que, por tanto, el acceso a la administración de justicia aún no se hace realidad.

Al momento de presentar la solicitud de tutela el accionante cuenta con la presunción de buena fe, de manera que en principio debe tenerse por cierta su afirmación en el sentido de que el accionado le ha violado o vulnerado un derecho fundamental a través de sus acciones u omisiones, de manera que el rigor de la carga de la prueba se aminora a esta parte, que además se beneficia, toda vez que en este caso se impone una carga al accionado destinada a desvirtuar la presunción.

El legislador fija en el artículo 20 del decreto 2591 una presunción de veracidad a favor del accionante como quiera, que, si el accionado no rindiere el informe requerido por el juez constitucional sobre los hechos de la solicitud de tutela o no los presentare dentro del plazo determinado por el servidor judicial, se tendrán por ciertos los hechos y se entrará a resolver de plano, salvo que el juez estime necesaria otra averiguación previa. Al lado de esto, el legislador faculta al juez para proferir el fallo de tutela aun cuando queden medios de prueba decretados, sin embargo, no practicados. Sería del caso formularnos como reflexión si las presunciones de buena fe a favor del accionante al momento de instaurar la acción de tutela se mantienen en el incidente de desacato, toda vez que en general ambos procedimientos persiguen el amparo del derecho fundamental violado o amenazado, de forma que es posible plantear que lo principal entinta a lo accesorio y que la línea conductora es la misma, por lo tanto, las presunciones de buena fe a favor del accionante deben seguir acompañándolo.

En todo caso, el incidente de desacato nos evidencia un escenario en donde se encuentran los mismos actores, el accionante, el accionado y el operador judicial, que han participado dentro de la acción de tutela finalizada con la sentencia. Lo que sucede ahora es que la mirada de estos sujetos procesales se dirige hacia otro vértice. El accionante ha adelantado un trayecto. En el presente no necesita demostrar que se ha vulnerado o amenazado el derecho fundamental, sin embargo, debe enfatizar que el accionado ha sido indiferente a la orden judicial. En el caso del accionado, ya no puede seguir insistiendo en que su acción u omisión no vulneró o amenazó el derecho fundamental del accionante, sino que sí ha cumplido con el fallo de tutela, y en consecuencia ese derecho fundamental ya no está violado o amenazado. En el juez también se produce un viraje en el objeto de su ejercicio. En efecto, el juez constitucional al igual que el accionante, también ha adelantado un recorrido, pues este ha dilucidado que se violó o amenazó un derecho fundamental al accionante por cuenta de una acción o una omisión del accionado. En adelante el primer vistazo del operador judicial será hacia su primera decisión, la sentencia de tutela, y posteriormente deberá desarrollar una metodología procesal indicada para definir si se ha incumplido o no una providencia judicial, emanada del poder coercitivo que otorga la jurisdicción, y que trasmite sus contenidos, esencias y atributos a sus siguientes actos judiciales.

En medio de las cargas probatorias propias a cada parte, accionante y accionado, que ante el incidente de desacato creemos alcanzan otro estatus, amparado y obligado, no puede ausentarse un territorio común, como es el instituto del debido proceso. El derecho al debido proceso es uno de los derechos que consagra la Constitución de Colombia, y que de acuerdo con el artículo 85 del estatuto superior es de aplicación directa. Aún más, el constituyente primario lo fijó de manera objetiva, señalando taxativamente que se debe aplicar a toda clase de actuaciones judiciales. El incidente de desacato a fallo de tutela implica un procedimiento de carácter judicial, por lo cual también es arropado por el debido proceso como guía hacia el orden, regulador que debe conducir a que la administración de justicia observe un comportamiento garantizador, correcto, justo, inclusive ético, y tal desempeño es propiciado hacia todas las partes e intervinientes.

El debido proceso en el incidente de desacato no solo se verifica en las garantías y obligaciones que corresponden tanto al amparado como al obligado, sino que se advierte en las necesarias verificaciones que no pueden ausentarse. En este sentido, el juez constitucional, haciendo uso de sus poderes de ordenación, deberá enfocarse en la decisión contenida en la sentencia de tutela, toda vez que en esta hallará la expresión completa de la orden, la precisión en la persona que deberá cumplirla y el tiempo fijado a esta para acatar lo dispuesto. Sin embargo, la revisión de la sentencia también incluye que los actos de notificación a las partes se hayan realizado, de ahí que un actuar general del juez, impone detenerse en una especie de exploración de la sentencia proferida.

El referido derecho de aplicación directa indica de forma puntual unas determinadas etapas que no se pueden soslayar, y que fundamentalmente obedecen a los principios de defensa y contradicción que son parte de su núcleo, por lo cual, una vez que se ha dado apertura al incidente de desacato, el juez informa al accionado la solicitud formulada por el amparado en la que advierte que no se ha atendido la orden proferida en la sentencia de tutela. En adelante, los pronunciamientos de ambas partes serán sometidos a verificaciones a través de un periodo probatorio de manera que las fases previas realizadas hacen que, no obstante, la simplicidad del procedimiento, su resolución esté dotada de una estructura sólida.

La providencia con la que finaliza el incidente de desacato constituye la expresión del juez constitucional, luego de adelantar un desarrollo previo que comprendió la exploración de la sentencia de tutela, actos de impulso procesal y la búsqueda y análisis de soportes probatorios, de manera que se trata del momento procesal que aclarará si en verdad se ha producido un incumplimiento de una orden garantizadora de un derecho amparado, y en caso de que así sea se deberá declarar el mismo y determinar las respectivas consecuencias que tienen un matiz disciplinario, sin embargo, como todo acto judicial, conlleva la imposición al servidor judicial de erigir una construcción categórica que incluye esfuerzos justificativos y explicativos, de forma que las exigencias planteadas antes, durante el desarrollo y hasta la finalización de este procedimiento especial, titulación rubricada por la Corte Constitucional, incluyen no solo a las partes, amparado y obligado, sino al encargado de resolver la formulación de un preciso problema jurídico, esto es, la verificación de la realización de una pretensión concedida al accionante.

La decisión del juez constitucional, no obstante ser proferida bajo el rigor de presupuestos fácticos, procesales, ontológicos y argumentativos, no dejará de ser un acto humano que pudiera ser acertado, pero que también tiene las posibilidades propias que caracterizan a la falibilidad de los imperfectos, es decir, la aparición de imprecisiones, contradicciones e insuficiencias, conductoras de resultados erróneos, por lo cual, anticipadamente el legislador ha dispuesto una consulta por parte del superior jerárquico del juez que resolvió el incidente de desacato a fallo de tutela.

El encargado de la consulta de la decisión del incidente tendrá un espacio distinto, toda vez que su labor esencialmente no implica desarrollos o impulsos procesales, sino, verificaciones con respecto a las etapas adelantadas. En este sentido, el superior jerárquico girará en principio hacia la orden impuesta al obligado, observará la manifestación de inconformidad del accionante, revisará si fue acertada la decisión de apertura de incidente de desacato, y si fuere así, enseguida comprobará sobre el cumplimiento del derecho a la defensa del accionado, la ocurrencia de un periodo probatorio, y en cuanto al acto judicial con que finaliza el procedimiento, deberá atender los factores objetivos y subjetivos que condujeron a declarar el desacato y en consecuencia a imponer la sanción.

Hasta ahora las conclusiones plasmadas se expresan en torno a las características, contenidos y desarrollos del incidente de desacato, sin embargo, este capítulo ofrece la oportunidad de presentar una opinión crítica acerca de su construcción legislativa, las expectativas y utilización de este instrumento procesal por parte de la comunidad, la actitud del accionado cuando es requerido al cumplimiento de una orden dispuesta en una sentencia de tutela, la manera como el servidor judicial ha adelantado su actuación, el tratamiento por parte de la jurisprudencia constitucional, el avance de esta, y en general, el sentido funcional en su operatividad cotidiana a través del sistema judicial.

De acuerdo con las formulaciones planteadas, un primer examen estaría en la construcción legislativa del incidente de desacato, por lo cual surgiría en principio preguntar si la preceptiva legal sobre este procedimiento especial realmente se torna suficiente, si es clara, y si efectivamente resulta operativa. En primer orden tenemos que la legislación se halla contenida en dos artículos del decreto 2591 de 1991, el 27 y el 52, sin embargo, hay lugar a dilucidar si se trata de dos normas diferentes, si son complementarias, o simplemente lo que se instituye es una secuencia, a pesar de que, en este caso, no se trata de dos normas consecutivas, sino separadas ampliamente en su orden numérico.

Cuando se observan los títulos antecedentes al resto de la preceptiva legal en los artículos 27 y 52 del decreto 2591 de 1991, se halla que el legislador usa dos nomenclaturas respectivamente. En efecto, en el artículo 27 se plasma la expresión Cumplimiento del fallo y en el artículo 52 se anota el vocablo desacato. Ante este escenario legislativo surgiría considerar que una norma trata sobre el cumplimiento del fallo de tutela y la otra se dirige exclusivamente al incidente de desacato. Sin embargo, al ingresar al contexto del artículo 27 se advierte la vinculación del obligado y su superior hacia el cumplimiento e inmediatamente la conexión de estos hacia el incidente de desacato. Como se ha descrito en el capítulo dos, el cumplimiento del fallo de tutela y el incidente de desacato a fallo de tutela corresponden a dos institutos procesales diferentes, que no son consecutivos, ni el uno es condicionamiento para iniciar el otro, es decir, recorren caminos distintos. En este sentido, pudiera haber sido más específico el legislador destinando una preceptiva legal particular para cada uno de los dos institutos procesales, que fuera más comprensible. Así, se obtiene que el entendimiento resultante acerca de los artículos 27 y 52 del decreto 2591 de 1991 se inclina a advertir estas preceptivas legales como normas complementarias en cuanto al incidente de desacato, inclusive el título del capítulo V que encierra al artículo 52 es Sanciones.

De la actitud del accionante, tenemos que la cotidianidad en el uso del incidente de desacato a fallo de tutela como instrumento que ofrece expectativa hacia el cumplimiento de la decisión del juez constitucional que ha dispuesto el amparo de un derecho indica que este actor vislumbra una siguiente oportunidad de acudir a la Administración de Justicia en búsqueda de la materialización de su pretensión, no obstante, su iniciativa en principio solo será un impulso, pues la realización de justicia dependerá del desarrollo que tenga la actuación judicial.

Por parte del accionado, el discurrir muestra distintos comportamientos. Para algunos accionados el incidente de desacato actúa como memoria que le informa sobre el incumplimiento a una decisión judicial, de manera que en este caso se advierte como oportunidad de acatar un orden institucional, realizar un deber y de paso avanzar en las tareas que le corresponden frente a su perfil ocupacional. En otros accionados aparecen comportamientos negligentes, que solo se solucionan ante el apremio de la Administración de Justicia.

Del actuar del servidor judicial, se observa que existe un sector que comprende claramente el sentido, composición y desarrollo preciso del incidente de desacato, en otros operadores judiciales se avizora una confusión, inclusive una ausencia de distinción entre el cumplimiento a fallo de tutela y el incidente de desacato a fallo de tutela.

La jurisprudencia constitucional ha sido oportuna al complementar las falencias del legislador que ni siquiera previó el término en el que se fallaría el incidente de desacato, ni sus puntuales etapas, y en esta dirección se destacan especialmente los pronunciamientos en las sentencias de constitucionalidad C 367 de 2014 y de unificación SU 034 de 2018.

La falibilidad e imperfección humanas no permiten satisfacciones o realizaciones completas, y esto ocurre también con el incidente de desacato, dado, que a pesar de ofrecerse como herramienta procesal hacia el cumplimiento de una sentencia de tutela amparadora de un derecho fundamental, en algunas ocasiones no se logra el acceso a la justicia, a veces debido a deficiencias procesales del accionante, contumacias del accionado, yerros y negligencias en el servidor judicial, y en general, situaciones fácticas adversas que hacen imposible la materialización de la decisión judicial y en consecuencia de la pretensión procesal, sin embargo, el incidente de desacato continuará desarrollándose operativa y funcionalmente como instrumento procesal y disciplinario.

BIBLIOGRAFÍA

1. Jaime Azula Camacho, Manual de Derecho Procesal Civil, Tomo I, 5ª edición, Bogotá, Editorial Temis, 1995.
2. Ramiro Bejarano Guzmán y otros, Aspectos procesales de la acción de tutela, Bogotá, Universidad Externado de Colombia, 2017.
3. Francesco Carnelutti, Cómo se hace un proceso, Bogotá, Editorial Temis, 2014.
4. Juan Manuel Charry Urueña, La acción de tutela, Bogotá, Editorial Temis, 1992.
5. Juan Manuel Charry Urueña, La excepción de constitucionalidad, Bogotá, Jurídica Radar Ediciones, 1994.
6. Juan Pablo Cueto Estrada, La inejecución de la sanción de arresto y multa dentro de un incidente de desacato por el incumplimiento al fallo de tutela, Revista Jurídica CUC, volumen 8 No. 1, http://revistascientificas.cuc.edu.co/index.php/juridicascuc/article/view/437, Barranquilla, 2012.
7. Hernando Devis Echandía, Compendio de Derecho Procesal tomo III El proceso civil, 3ª edición, Bogotá, Editorial ABC, 1977.
8. Wilson Herrera Llanos, Derecho constitucional colombiano, parte dogmática, territorio y población, Barranquilla, Ediciones Uninorte, 2004.
9. Laura Estephanía Huertas Montero, Tutela jurisdiccional diferenciada vs Debido proceso. La acción de tutela y sujetos vinculados, Universidad Externado de Colombia, 2023.
10. Diego León Martínez, El principio de inmediatez en la acción de tutela, 2ª. edición, Medellín, Diké S.A.S. Editorial Santiago de Cali, 2018.
11. Hernando Morales Molina, Curso de derecho procesal civil parte general, 11ª edición, Bogotá, Editorial ABC, 1991.
12. Manuel Fernando Quinche Ramírez, Vías de hecho Acción de tutela contra providencia, 8ª edición, Bogotá, Editorial Temis, 2013, p. 66.
13. Manuel Fernando Quinche Ramírez, La acción de tutela – El amparo en Colombia, 2ª edición, Bogotá, Editorial Temis, 2015.
14. Alfonso Reyes Echandía, Derecho Penal parte general, 7ª edición, Bogotá, Universidad Externado de Colombia, 1980.
15. Luis Carlos Sáchica, Derecho Constitucional General, Medellín, Biblioteca Jurídica Diké, 1990.

Jurisprudencia

C 037 de 1996
C 243 de 1996
C 092 de 1997
C 560 de 1999
C 641 de 2002
C 590 de 2005
C 288 de 2012

C 1052 de 2012
C 367 de 2014
C 870 de 2014
SU 961 de 1999
SU 1219 de 2001
SU 1158 de 2003
SU 034 de 2018
T 173 de 1993
T 422 de 1993
T 530 de 1994
T 044 de 1996
T 554 de 1996
T 343 de 1998
T 763 de 1998
T 766 de 1998
T 088 de 1999
T 188 de 2002
T 553 de 2002
T 458 de 2003
T 533 de 2003
T 368 de 2005
T 812 de 2005
T 1.113 de 2005
T 014 de 2009
T 583 de 2009
T 123 de 2010
T 684 de 2010
T 1.028 de 2010
T 235 de 2011
T 343 de 2011
T 512 de 2011
T 889 de 2011
T 074 de 2012
T 218 de 2012
T 529 de 2012
T 1.090 de 2012
T 185 de 2013
T 399 de 2013
T 271 de 2015
T 325 de 2015
T 233 de 2018
Autos
Auto 136 A de 2002
Auto 118 de 2005
Auto 223 de 2005

Auto 244 de 2010
Auto 102 de 2016